4차 산업혁명 시대의 미래 교육

에듀테크

4차 산업혁명 시대의 미래 교육

에듀테크

—

2017년 7월 17일 1판 1쇄 발행
2021년 2월 1일 1판 5쇄 발행

—

지은이 홍정민
펴낸이 이상훈
펴낸곳 책밥
주소 03986 서울시 마포구 동교로23길 116 3층
전화 번호 02) 582-6707
팩스 번호 02) 335-6702
홈페이지 www.bookisbab.co.kr
등록 2007. 1. 31. 제313-2007-126호

—

기획·진행 오정옥
디자인 디자인허브

—

ISBN 979-11-86925-22-5 03320
정가 15,000원

책밥은 (주)오렌지페이퍼의 출판 브랜드입니다.

이 도서의 국립중앙도서관 출판예정도서목록(CIP)은 서지정보유통지원시스템 홈페이지(http://seoji.nl.go.kr)와 국가자료공동목록시스템(http://www.nl.go.kr/kolisnet)에서 이용하실 수 있습니다. (CIP제어번호: CIP2017015431)

4차 산업혁명 시대의 미래 교육

에듀테크

| 홍정민 지음 |

책밥

4차 산업혁명 시대, 새로운 교육 에듀테크

2016년 다보스 포럼에서 등장한 4차 산업혁명이라는 단어는 이제 우리에게 익숙한 개념이 되었다. 4차 산업혁명 시대의 글로벌 비즈니스 세계는 그동안의 패턴과 전혀 다른 양상을 보이며 예측할 수 없는 방향으로 흘러가고 있다.

호텔을 소유하지 않은 에어비앤비가 숙박업을 장악하고 택시를 가지지 않은 우버가 전 세계 택시 업계를 흔들고 있다. 핸드폰 시장의 변방이었던 애플은 스마트폰으로 단숨에 세계 시장의 중심이 되었고, 테슬라는 전기자동차로 100여 년을 이어온 거대한 자동차 산업을 뒤흔들고 있다. 메신저 서비스인 카카오는 카카오택시, 카카오미용실 등 IT 산업을 너머 다양한 영역으로 그 분야를 빠르게 확장해나가고 있는 현실이다.

과거 새로운 산업에 들어서기 위해서는 여러 가지 진입장벽을 뛰어넘어야 했다. 숙박산업에 진입하려면 최소한의 숙박시설을 보유하고 있어야 했고 택시 산업에 진출하기 위해서는 정부의 인허가는 물론 자동차와 직원 등이 필요했다. 하지만 디지털과 빅데이터가 핵심 자원인 4차 산업혁명 시대에는 이런 장벽들이 무너지고 있다.

급속하게 변화하는 4차 산업혁명 시대를 위해 우리는 무엇을 준비해야 할까? 인류 발전의 역사가 늘 그랬듯 새로운 변화를 대비하기 위해 우선적으로 교육에 대해 생각하지 않을 수 없다.

'4차 산업혁명 시대를 살아갈 이들을 위해 무엇을 가르쳐야 하는가?', '4차 산업혁명 시대에 맞는 인재를 어떻게 육성해야 하는가?' 이 두 가지 질문은 국가 및 조직의 경쟁력 강화와 지속 가능한 성장을 위해 반드시 생각해보아야 할 문제이다.

영화『300』은 스파르타 군인 육성을 위해 유소년을 어떻게 훈육하는지에 대한 이야기로 시작한다. 어렸을 때부터 강한 군인이 되기 위한 다양한 훈련을 거치며 자라 세계 최고의 군인으로 성장한다는 것이 영화의 요지이다. 영화의 서두에서는 이런 스파르타의 훈련 방식이 스파르타 군대를 최강으로 만들었다는 점을 강조하고 있다.

스파르타처럼 역사상으로 매우 강성한 군대의 이면에는 늘 훌륭한 육성 시스템이 자리하고 있었다. 삼국을 통일한 신라의 경우 '화랑도'라는 집단 육성 시스템을 가지고 있었고 현재 최강의 전력을 자랑하는 미국 해병대도 체계적인 군인 육성 시스템을 자랑하고 있다. 역사적인 사례에서 볼 수 있듯 4차 산업혁명 시대를 주도하는 국가로 성장하기 위해서는 최고의 인재를 만들기 위한 새로운 교육 방법이 필수적이다.

지금과 같은 교실 수업은 대량생산 시대를 주도했던 1·2차 산업혁명의 산물이라 할 수 있다. 이러닝은 인터넷 혁명인 3차 산업혁명에 따른 교육 방법이었다. 모바일, 초연결, 초지능사회로 대변되는 4차 산업혁명 시대는 새로운 교육 방법을 원하고 있다.

이런 소용돌이의 중심에 교육과 기술을 결합한 에듀테크가 자리하고 있다. 인공지능, VR, 사물인터넷, SNS와 같이 4차 산업혁명으로 대변되는 기술들을 교육과 연결해 새로운 교육 방식을 창조해내고 있는 것이다. 에듀테크는 교육과 기술의 융합에 기반을 둔 효과적인 교육을 통해 기존의 교육이 가지고 있던 한계들을 극복하고자 노력하고 있다.

이 책에서는 에듀테크라는 4차 산업혁명 시대의 교육 패러다임을 설명한다. 즉, 에듀테크란 무엇이고, 어디로 향하고 있으며, 어떻게 변화할지에 대해 함께 생각해보고자 한다.

우선 에듀테크의 의미와 현황을 설명한다. 이어 인공지능 로봇교사, 현실감 있는 교실의 등장, 소셜 러닝, 전통적 학교의 종말, 교육과정의 변화, 게임 러닝 등 에듀테크로 변하게 될 교육의 모습을 나열해 갈 것이다. 여기에 더하여 교육산업의 변화를 예측해보고 마지막으로 에듀테크 시대에 무엇을 어떻게 배우고 가르쳐야 하는지에 함께 생각해 보는 것으로 마무리 하고자 한다.

아무쪼록 에듀테크 전반을 이해하고 새로운 교육에 대한 통찰을 얻는 데 작은 도움이 되었으면 하는 바람이다.

프롤로그를 마무리하며,

　책의 모티브를 주시고 적극적인 지원을 아끼지 않으셨던 휴넷의 조영탁 대표님, 함께 에듀테크를 연구하며 많은 통찰을 주었던 34명의 연구소 구성원들과 출판사 관계자 분들, 마지막으로 글에 대해 솔직하고도 도움이 되는 피드백을 주었던 사랑하는 아내에게 특별한 감사를 드리고 싶다.

| CONTENTS |

CONTENTS
·

CONTENTS

왜
에듀테크인가

기술의 급속한 변화에도 우리 교육은 전통적 교실 수업이라는 형식을 벗어나지 못하고 있다. 우리 교육은 왜 똑같은 내용을, 똑같은 방법으로, 똑같은 시간에, 똑같은 장소에서 전하고 있는 것일까? 이런 현재 교육의 모순을 해결하고자 교육과 기술의 결합인 에듀테크가 등장했다.

에듀테크란 무엇이고, 기존 이러닝과의 차이점은 무엇이며 어떤 방향으로 나아가고 있는지에 대해 알아 보고자 한다.

에듀테크의 등장 배경

우리 교육의 현 주소

學而時習之면 不亦說乎아

(학이시습지면 불역열호아)

'학문을 배우고 때때로 (그것을) 익히면 또한 기쁘지 아니한가'라는 공자의 말이다. 배움이 즐겁고 기뻐야 한다는 뜻을 담고 있다.

우리 교육 시스템은 과연 그러할까? 학생들은 즐겁고 기쁘게 배우고 있을까? 배움이 즐겁고 기쁘지 않다면 왜 그런 것일까? 기존 교육 시스템에서 교육을 받고 자란 사람이라면 한 번쯤 생각해볼 문제다.

아쉽게도 우리 교육의 현주소는 공자의 말과 다른 것 같다. 그 원인에 대해 크게 두 가지 이유를 들 수 있는데, 첫째는 One Size Fits All(모든 학생을 똑같은 인재로 맞추려는 획일적인 교육 방식)의 교육 시스템을 취하고 있다는 점이다.

원숭이와 코끼리 그리고 펭귄이 학생인 학교가 있다고 가정하자. 이 교실의 모습은 이렇다. 선생님은 '나무 위를 오르게 하는 방법'이란 주제로 수업을 하고 있다. 선생님은 칠판에 '1. 나무가지를 잡는다. 2. 왼발을 걸친다. 3. 오른발을 걸친다. 4. 팔의 힘을 주어 몸을 끌어올린다...'라고 적는다. 그리고 칠판에 적은 내용을 암기하라고 지시한다. 며칠 뒤 순서를 잘 외웠는지에 대한 시험이 치러지고, 코끼리가 이 시험에서 100점을 받아 일등을 한다.

과장된 사례이긴 하지만, 우리 교육 시스템과 많이 닮아있다. 코끼리, 원숭이, 펭귄이라는 저마다 다른 학생들의 재능을 고려하지 않은 획일적인 '나무 오르는 방법'이라는 학습목표와 내용을 가르치고 있다는 점, 나무 오르는 법이라는 학습목표와는 다르게 실습 방식이 아닌 강의식의 일방향 교육 방법을 취하고 있다는 점, 실제 능력을 반영하는 평가가 아닌 암기 능력이 주가 되는 필기시험 중심의 평가가 이루어지고 있다는 점에서 유사하다.

세계적인 과학자 알버트 아이슈타인은 '모든 사람들은 천재다. 그러나 물고기에게 나무 오르는 능력을 가르친다면, 그 물고기는 평생을 스스로 바보라고 생각하며 살 것이다'라고 말한 바 있다.

아이슈타인의 말처럼 사람들은 각자 다른 재능을 가지고 태어난다. 이들의 재능을 무시하고 획일적인 교육 방식을 취하는 우리 교육 시스템에 대해 변화가 촉구되고 있다.

하지만 적은 비용으로 효과적인 교육을 해야 한다는 교육의 효율적

관점 때문에 개인 맞춤형 교육은 현실적으로 이루어지지 않았다. 국가 경쟁력을 높이기 위해 창의성 있는 사람이 필요하다고 강조하면서도 정작 효율성의 관점을 중시하여 창의성을 인정하지 않는 획일적인 교육 방식을 취해 오고 있었던 것이다.

우리 교육이 진정한 학습을 지원하지 못하는 두 번째 이유는, 상위 1% 학생을 위한 경쟁 교육 시스템이라는 점이다. 1% 학생을 위한 경쟁형 교육 시스템을 설명하기 위해 수학 과목의 예를 들어보자. 많은 사람들이 수학을 어려워하고 좋아하지 않는 과목으로 꼽는다. 왜 그럴까?

우리는 처음부터 수학을 어려워하고 싫어했을까? 결론부터 얘기하자면 그렇지 않다. 수학이 어려운 가장 큰 이유는 끊임없이 연결되어 있다는 점이다. 아래의 그림처럼 소인수분해를 알아야 인수분해를 할 수 있고, 인수분해를 알아야 미분을, 미분을 알아야 적분을 할 수 있다.

수학은 하위개념을 모르면 상위개념을 이해할 수 없다. 하위개념들이 연결되면서 상위개념을 이해할 수 있도록 학습이 진행된다. 이런

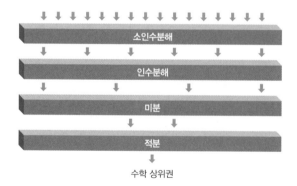

에듀테크 교육혁명

과정에서 하위개념을 잘 이해하지 못한 학생들은 수학 과목을 포기하게 된다. 소위 말하는 수포자(수학 포기자)가 되는 것이다.

수학 과목의 사례처럼 1%를 위한 경쟁 교육 시스템은 학습을 충실하게 따라오는 1%을 위한 시스템을 지향한다. 이 시스템은 공급자 중심으로 일방적으로 제공되며 수요자인 학생의 이해도는 고려하지 않는다. 상위 1%가 알아야 하는 내용을 일방적으로 공급하고 '따라올 사람은 따라와'의 식의 교육을 진행하는 것이다. 따라오지 못하는 학생들을 챙겨가는 교육이 아닌, 상위 1%만을 위한 일방적인 교육은 분명히 문제가 있다. 교육 시스템의 변화가 필요한 이유를 여기에서 찾을수 있다.

학습자의 학습능력은 저마다 모두 다르다. 어떤 학습자는 1학년 수준의 수학, 3학년 수준의 영어, 4학년 수준의 국어 능력을 가지고 있고, 어떤 학습자는 5학년 수준의 수학, 1학년 수준의 영어, 3학년 수준의 국어 능력을 가지고 있을 수 있다. 지금의 교육 시스템은 이런 부분을 무시한 채 획일적인 교육 방식을 보이고 있다. 동일한 대상이라 가정하고 동일한 수업을 진행하고 있다는 것이다.

하지만 이런 방식은 한계를 가지고 있다. 아래의 그림과 같이 상위

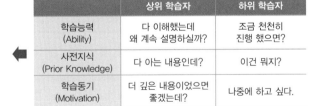

동일한 내용의 동일한 수업 WHY?		상위 학습자	하위 학습자
	학습능력 (Ability)	다 이해했는데 왜 계속 설명하실까?	조금 천천히 진행 했으면?
	사전지식 (Prior Knowledge)	다 아는 내용인데?	이건 뭐지?
	학습동기 (Motivation)	더 깊은 내용이었으면 좋겠는데?	나중에 하고 싶다.

학습능력을 가진 학습자와 하위 학습능력을 가진 학습자에게 동일한 내용의 수업을 진행할 경우, 상위 학습능력을 지닌 이는 지루함을 느끼고, 하위 학습능력을 가진 학생은 따라가지 못해 포기하게 될 것이다. 사전 지식의 측면에서는 이미 내용을 아는 학생과 그렇지 못한 학생 사이의 감정 차이가 있을 수 있다. 또한 학습동기적인 측면을 보면 학습동기가 충만한 학습자는 더 많은 내용을 질문하고 싶어하지만 그렇지 못한 학습자는 수업 시간이 빨리 끝나기만을 바라는 것을 알 수 있다. 위와 같은 상황이 동시에, 지금 이 순간에도 모든 교실에서 이루어지고 있다.

교육자의 입장에서는 '이 많은 학생들의 수준을 어떻게 다 맞추어주나? 진도를 나가기에도 벅차다.'라는 말이 나오는 것도 이상하지 않다. 이것이 현재 교육 시스템의 현실이고, 효율성을 위해 학생 개개인의 맞춤형 성장을 희생해야만 했던 결과이다.

1900년대부터 콘텐츠의 공급 방식은 많은 변화를 거쳐왔다. 음원콘텐츠의 경우 오케스트라 강당에서 축음기로, MP3에서 스마트폰으로 기술의 발전에 따라 주요 콘텐츠 공급 방식이 바뀌어왔다. 시나리오 콘텐츠의 경우 공연장에서 극장으로, TV에서 스마트폰으로 변화되어

연도	음원 콘텐츠	시나리오 콘텐츠	교육 콘텐츠
1900년대	오케스트라 강당	공연장	교실
1950년대	음원 콘텐츠	극장	교실
2000년대	MP3 플레이어	TV	교실
2010년대	스마트폰	스마트폰	교실

왔다. 하지만 교육 콘텐츠의 경우, 100여년이 지난 지금에도 주요 공급방식이 여전히 교실이다. 왜 교육 콘텐츠는 변화가 없는 것일까?

동일한 내용을 동일한 방법으로
강의실 수업을 할 필요가 있을까?

이 시점에서 우리는 질문을 던져 볼 수 있다.

'왜 우리는 똑같은 내용을, 똑같은 방법으로, 똑같은 시간에, 똑같은 장소에 모여, 모두 함께 듣고 있을까?'

인터넷의 발전은 일반 사람들이 접하지 못했던 다양한 정보에 접근할 수 있게 해주었다. 음반이 있어야만 음악을 들을 수 있고, 책·신문·학술지 등이 있어야만 콘텐츠를 접할 수 있고, 비디오가 있어야만 영상을 볼 수 있었던 시대에서 인터넷 혹은 스마트폰만 있으면 즉각적으로 콘텐츠에 접근할 수 있는 시대가 된 것이다.

또한 디지털 기술의 발전은 개인에게 맞춤화된 서비스를 가능하게 했다. 알람 시계, 메모장, 스케줄러와 같은 일정 관리 시스템은 스마트폰에 들어간 지 오래고, 맞춤형 식단, 맞춤형 운동 등 각종 맞춤형 콘텐츠가 현대인의 건강을 관리해주고 있는 상황이다.

기술이 발전하지 못했던 시대에는 모든 사람이 한 가지 방식의 수업을 듣는 시스템이 어느 정도 용인될 수 있었지만, 인터넷과 디지털 기술이 급속도로 발전하고 있는 현재에는 새로운 교육 시스템을 창출할 수 있는 가능성이 얼마든지 열려 있다.

기술의 발전은 교육이 그동안 불가능하다고 생각했던 영역을 가능하게 바꾸어주고 있다. 즉, 맞춤형 학습이나 실시간 동영상 학습 등을 불가능의 영역에서 가능의 영역으로 이동시키고 있는 것이다. 이런 시대에서 교육은 기술의 힘을 빌려 새로운 패러다임으로의 발전 가능성을 보여주고 있다.

에듀테크의 등장

에듀테크, 새로운 교육 방식의 등장

기술과 결합해 높은 가능성을 지닌 교육을 에듀테크라 부른다. 에듀테크는 기존 교육 시스템에 대한 문제들을 극복하고 새로운 교육 시스템을 제시하기 위해 등장했다.

에듀테크는 '교육Eduaction'과 '기술Technology'의 합성어로, 기술과의 결합을 통해 교육의 문제점을 해결하기 위한 모델로 등장한 단어이다. 이는 곧 교육과 기술이 결합하여 새로운 패러다임의 교육을 창출해내는 것을 의미한다.

에듀테크라는 교육과 기술의 결합은 우리에게 보다 효과적인 교육을 누릴 수 있는 기회를 준다. '뤼이드Riiid'의 '리노트'는 우리가 일일이 작성했던 오답 노트에 디지털 기술을 접목해 클릭 한번으로 오답 노트를 채워나갈 수 있게 해준다. 영어 프로그램 '듀오링고'는 영어 문제를

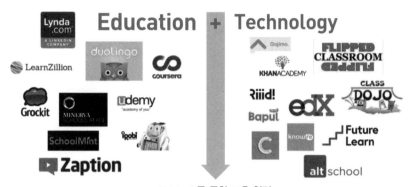

똑같은 목표로, 똑같은 내용을, 똑같은 방법으로, 똑같은 장소에서, 똑같은 시간에
모두가 모여 학습할 필요가 있는가?

Edutech를 통한 교육 혁명

풀면 자신의 강점과 약점이 자동으로 파악되어 부족한 부분을 집중적
으로 학습할 수 있게 도와준다. '바로풀기' 어플의 경우, 모르는 문제를
앱에 올려놓으면 평균적으로 17분 안에 풀이 과정을 상세히 설명해 주
는 글이 올라온다. '클래스팅'을 이용하면 오프라인 쪽지 형식의 학부
모-학생-선생님간 커뮤니케이션 통로인 알림장 대신 모바일 알림장으
로 간편하게 해결할 수 있다. 또한 최고의 '무크MOOC*'인 '코세라'를 사
용하면 유명 교수의 강의를 바로 신청해 스마트폰으로 들을 수 있다.

이 모든 것은 기술과 교육의 결합 이전에는 불가능했던 부분이다.
에듀테크는 교육과 기술을 결합을 통해 그동안 교육에서 불가능했던
일들을 가능하게 만들어 주고 있다. 이런 변화는 개선이라는 말보다

---

* 무크(mooc) : 'Massive Open Online Course'의 약자로 대중 대상 온라인 공개 강의를 뜻한다. 무료로 세
계적인 유명 대학의 강의를 온라인에서 수강할 수 있는 교육과정으로 웹을 통한 수강생의 대규모 참여와
개발을 목표로 하고 있다.

혁명이라는 말이 더 어울릴 정도로 현재 매우 광범위한 곳에서 강력하게 등장하고 있다.

기존 교육 시스템의 효과성 저하, 전통 교육기관들의 경쟁력 약화, 디지털 기술 발전에 따른 기술 적용의 편의성, 교육 내용 및 교육 방법에 대한 학습자 수요의 맞춤형 프로그램에 대한 요구는 에듀테크를 더욱 가속화시키고 있는 요인이다. 즉 에듀테크는 전통적 교육 방식에 새로운 대안을 제시하기 위해 등장했다고 할 수 있으며, 실제로 영국과 미국을 중심으로 빠르게 글로벌 스탠다드로 자리잡고 있다.

교육과 기술의 결합, 에듀테크

그렇다면 교육과 기술은 어떻게 결합되는 것일까? 기술의 발전이 교육을 더욱 효과적으로 만드는 것일까?

다음 그림은 교육과 기술의 결합이 교육을 어떻게 효과적으로 만드는지 보여주고 있다. 에빙하우스의 망각 곡선에 의하면 학습한 지 10분 이후 내용을 잊어버리기 시작하고, 이에 따라 시간이 지날수록 기억 속에 남아 있는 내용이 점점 줄어들게 된다. 이런 망각에서 벗어나기 위해 십분 뒤에 1차 기억을 상기하고, 하루 뒤에 다시 기억을 상기하고, 일주일 뒤에 한 번 더 기억을 불러내고, 한 달 뒤에 다시 기억하게 만들면 우리 뇌 속에 장기기억으로 저장되어 배운 것을 완전히 습득하는 수준이 된다는 것이다. 즉 새로운 정보는 네 번의 시기적절한 복습 과정

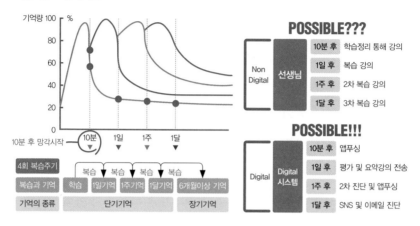

에빙하우스 망각곡선

을 거쳐야 우리 뇌 속에 완전히 저장되는 셈이라고 할 수 있다.

교육이 기술과 결합되지 않았을 때 네 번의 복습은 사실상 불가능했다. 선생님이 십분 뒤, 하루 뒤, 일주일 뒤, 한 달 뒤에 동일한 내용을 일일이 챙겨가며 강의하거나 지도하는 것은 현실적으로 불가능했기 때문이다. 하지만 디지털 기술의 발전은 이런 부분을 가능하게 만들어 준다.

우선 데이터 기술과 처리 기술의 발달은 학생별로 복습해야 하는 내용을 분류하고 재정리하고, 이 내용을 필요한 시간에 정확히 보낼 수 있는 시스템을 가능하게 한다. 또한 영상 기술의 발전은 손쉽게 영상을 제작, 편집, 저장, 전송하게 해준다. 이로써 선생님이 있어야만 모든 콘텐츠가 전달되던 시대에서 콘텐츠를 한 번만 만들어 두면 언제 어디서나 활용할 수 있는 시대가 도래한 것이다.

이런 부분을 더욱 가능하게 만들고 있는 최근의 기술 변화가 있다.

바로 'BYOD_{Bring Your Own Device}*'를 가능하게 하는 모바일 기술의 발전이다. 스마트폰의 등장으로 개개인이 스마트 디바이스를 들고 다니는 것이 일반화되었다. 이런 시점에서는 복습해야 하는 내용을 각 개인들에게 앱푸싱이나 문자 메시지의 형태로 보내는 것이 가능해진다. 요컨대, 교육과 기술의 만남은 인류의 시작과 더불어 발전해온 교육학의 이론과 경험들을 보다 효과적으로 학습자에게 제공 가능한 시대를 열고 있는 것이다.

에듀테크 vs 이러닝

에듀테크와 이러닝의 차이점은 무엇일까? 에듀테크는 이러닝에 비해 광범위하고 포괄적으로 접근하는 데 그 차이가 있다고 요약할 수 있다.

우선, 에듀테크의 기술 사용은 광범위하다. 온라인 영상 기술을 활용해 기존의 오프라인 교육을 인터넷 환경으로 옮겨 놓은 것이 이러닝이라면, 에듀테크는 영상 기술뿐만 아니라 인공지능, 빅데이터, 가상현실, 사물인터넷, 3D프린팅 등 기술 영역 전반을 활용한다.

둘째로, 이러닝은 강의에 집중해 발전한 모델로 효과적인 학습을 위해 강사의 강의 능력에 의존하는 것이 일반적이다. 반면 에듀테크는 학습, 기억, 공유, 활용 등 학습 전반 프로세스에 포괄적으로 접근한다.

---

* BYOD : 'Bring Your Own Device'의 약어로 개인이 스마트폰이나 테블릿 PC 등 한 가지 이상의 스마트 기기를 들고 다니는 환경을 의미한다.

예를 들어, '메가스터디'와 같은 이러닝 기업의 경우 유명 강사의 강의력과 영상의 화질, 현장감들을 중시한다. 즉 동영상 콘텐츠를 중심으로 제작하고 서비스하는 사업인 것이다. 반면 에듀테크 기업인 '뤼이드'의 토익 맞춤형 학습 어플 '산타토익santa toeic'의 경우, 제공하는 서비스 중 별도의 영상 콘텐츠가 없다. 대신 토익 문제를 풀면 약한 부분을 분석해주고 해당 영역의 문제를 반복해서 풀 수 있는 서비스를 제공한다. 또한 사용자의 학습 상태를 20개 카테고리의 64개 유형으로 분석해 파악하며, 분석 결과를 토대로 약점을 보완할 수 있는 추천 문제를 제공한다.

해외 유수 대학의 박사 출신들이 알고리즘을 개발한 산타토익은, 방대한 양의 문제 은행을 보유하고 있어 학습자들 사이에 인기가 좋다. 뤼이드가 만들었던 오답 노트 기능도 구현되어 있어 토익에서 틀린 문제를 자동으로 오답 노트에 보내 해당 부분만을 집중 학습할 수 있게 도와준다. 또한 '산타톡'이라는 전용 메신저를 제공하고 있어 다양한 커뮤니케이션을 통해 추가 학습 정보를 얻을 수 있다.

이러닝 기업이 콘텐츠의 전달에 주력한다면, 에듀테크 기업들은 일방적인 콘텐츠 전달이 아닌 맞춤형 학습으로 학습자에게 다가가고자 노력한다. 이러닝이 물고기를 잡는 단 하나의 방법을 알려주는 서비스라면 에듀테크는 물고기를 각자의 방식으로 잡을 수 있도록 이끌어주는 서비스다.

광의의 의미로 보자면 이러닝도 에듀테크의 일부이다. 다르게 말해 이러닝은 에듀테크로 가는 과정 중에 등장한 에듀테크의 시조라 할 수 있다. 이러닝이 에듀테크에서 차지하고 있는 자리는 기술적으로나 교육적으로 작은 범위이지만, 이러닝에서 출발한 에듀테크는 기술과 범위가 더해져 점차 더 넓은 영역으로 확장되고 있다.

에듀테크의 세 가지 방향

에듀테크는 어디를 향해 가고 있는 것일까? 그 방향은 크게 세 가지로 요약 가능하다.

교육의 대중화, 교육 효과의 극대화, 교육과 실생활의 결합이 그것이다. 다시 말해, 에듀테크는 양질의 교육을 더 많은 사람들이(교육의 대중화), 더 효과적으로(교육 효과의 극대화), 실생활에 공유하고 활용(교육과 일상생활의 결합) 할 수 있게 한다.

교육의 대중화(양질의 교육을 더 많은 사람들에게)

'무크Mooc'는 Massive Open Online Course의 약자로 일반적으로 무크라 읽는다. 이는 무료로 세계 유수의 대학 강의(MIT, 하버드, 스탠퍼드 대학 등)를 온라인으로 서비스하는 사이트들을 말한다. 글로벌 교육 환경의 뜨거운 감자로 등장한 무크는 2012년부터 주목받기 시작해 2015년 기준 550개 대학의 4,500개 프로그램을 제공하고 있으며, 등록자 수는 3천 5백만 명에 이른다.

대표적인 기관으로는 스탠퍼드 대학 중심의 '코세라Coursera', MIT와

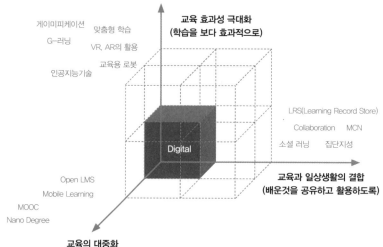

하버드 대학 중심의 '에덱스Edx', 구글에서 출발한 '유타시티Udacity'가 있다. 이외에도 유럽의 '퓨처런Futurelearn' 등은 주목할 만한 무크 서비스 기관들이다.

국내에서도 정부 또는 개별 대학 중심으로 무크 사이트를 오픈하고 있으며, 국가평생교육진흥원이 주도하는 '케이 무크K-MOOC', 서울대학교가 운영하는 '스누운SNUON'이 대표적이다.

무크처럼 교육을 대중화시키는 것은 에듀테크의 큰 방향 중 하나이다. 코딩교육의 대중화를 모토로 코딩교육을 무료로 제공하는 '코드카데미Codecademy*', 명사 특강 중심의 프로그램을 제공하는 'TED**' 등이 이러한 에듀테크 교육의 대중화를 지향하는 대표적 기관이라 할 수 있다.

＊ 코드카데미 : 프로그래밍에 필요한 코딩 기술들을 무료로 수강하면서 실습해볼 수 있는 사이트
＊＊ TED : 세계 유수의 명사들의 강의를 무료로 제공하는 사이트

교육 효과의 극대화(학습을 보다 효과적으로)

에듀테크의 두 번째 큰 방향은 교육 효과의 극대화이다. 말 그대로 교육과 기술을 접목시켜 교육 효과를 극대화하려는 흐름을 말한다. 가장 많은 에듀테크 기관들이 존재하는 곳이기도 하다. 이들은 기존 일방향의 교육이 아닌 1:1 맞춤형 학습을 지향한다. 즉 맞춤형 학습을 궁극적인 목표로 하여 개개인에 꼭 맞는 학습 교육과정, 학습방식, 학습내용, 학습평가를 제공하여 최상의 학습효과를 거둘 수 있도록 돕는다. 이를 위해 빅데이터와 인공지능 기술들을 활용하며 최상의 맞춤형 학습을 추구하고 있다. 뤼이드의 산타토익의 경우 토익 시험 시 개인별 맞춤화 서비스를 제공하여 자신의 강점과 약점을 파악해 약한 부분을 지속적으로 반복 학습할 수 있도록 하고 있다.

교육 효과를 극대화하기 위해 게임을 활용하기도 한다. '게임런Gamelearn'이라는 에듀테크 기업은 리더십, 시간 관리 분야의 교육을 게임으로 제작해 기업에 공급하는 기관이다. 게임런의 콘텐츠는 게임을 플레이하는 것만으로도 자연스럽게 리더십과 시간 관리 기법들을 배울 수 있게 한다. 이 게임은 시뮬레이션 형식으로 진행되어 각각의 상황에 필요한 내용을 습득하기 쉽다는 장점이 있다.

교육 효과를 높이기 위해 '가상현실VR : Virtual Reality' 기술을 활용하기도 한다. 구글의 '익스페디션 파이오니아 프로그램'의 경우 실제 다양한 지역의 VR 영상을 제공하여 실제 그 장소에 있는 듯한 느낌을 준다. 만리장성에 대해 설명한다고 할 때, 글이나 사진이 아닌 실제 가상현실을 체험하게 함으로써 교육의 효과를 극대화할 수 있는 것이다.

교육과 일상생활의 결합(실생활에 활용이 가능해지다)

에듀테크는 많은 사람들이 더 효과적으로 배우는 데 그치지 않고 배운 것을 실생활에 공유하고 활용할 수 있도록 한다. 즉 학습에 그치지 않고 실행하게 함으로써 교육의 내용을 실제로 체득할 수 있게 하는 것이다.

'바로풀기' 사이트에 모르는 문제를 올리면, 풀이 과정을 다른 사람들이 올려주고 이는 모두에게 공유된다. 최근에는 다중 채널 네트워크 서비스$_{MCN}$*을 통해 개인 방송을 전송하는 방식이 많이 이루어지고 있다. 예를 들면 교육 프로그램을 만든 개인이 '아프리카TV'와 같은 플랫폼을 활용해 직접 방송하고 학습자들과 소통하며 교육을 진행할 수 있는 것이다.

교육 계획 수립 및 관리 앱인 '스터디헬퍼'은 자신의 목표를 등록하고 공부한 시간 등을 관리할 수 있게 해주는 앱으로 스마트폰으로 나만의 공부 관리를 가능하게 한다. 50만 명 이상이 사용하고 있는 대표적인 교육용 에듀테크 서비스라 할 수 있다.

위에서 말한 에듀테크 프로그램들은 교육이 교실에서 그치지 않고 일상생활과 연결될 수 있게 하며, 타인과의 연결을 통해 상호간 학습의 장을 제공하는 방향으로 발전하고 있다.

---

* 다중 채널 네트워크 서비스(MCN) : 'Multi Channel Network'의 약어로 1인 또는 중소 콘텐츠 창작자들이 콘텐츠를 만들 수 있도록 마케팅관리, 저작권관리, 유통 등을 지원 및 관리하는 사업 또는 서비스를 말한다.

에듀테크의 현황

빠르게 성장하는 에듀테크

미국 라스베이거스에서 열린 세계 최대 가전 전시회 'CES 2016'에서 선정한 '올해를 이끌 미래 기술 12선'에 드론, 지능형 자동차, 사물인터넷 등과 함께 에듀테크가 이름을 올렸다. 에듀테크는 '핀테크 Finance+Technology[*]'와 더불어 스타트업 시장에서 가장 뜨거운 단어 중 하나다.

에듀테크 산업을 주도하는 것은 영국이다. 영국 에듀테크 시장의 규모는 약 29조에 육박하며 런던에 존재하는 에듀테크 기업만 2백여 개, 영국 전체에서는 1천여 개의 에듀테크 기업이 등장할 정도로 활성화되어 있다. 영국인들의 높은 교육열과 교육 관련 기술에 대한 투자 성

---

* 핀테크(Fintech) : 'Finance'+'Technology'의 합성어로 금융에 디지털 기술을 접목한 서비스를 말한다.

향은 향후 에듀테크 산업을 더욱 발전시킬 동력이 될 것이다. 영국 정부에서는 에듀테크 시장이 2020년까지 지금의 2배 규모로 성장할 것으로 예측하고 있다.

영국정부가 에듀테크 산업을 육성하는 배경에는 ICT(정보통신기술) 산업의 성공적 결과가 자리하고 있다. 2010년 영국은 ICT을 강화하기 위해 슬럼가 지역을 ICT 스타트업 중심의 지역으로 탈바꿈시켰는데 이 지역을 테크시티라 부른다. 영국 정부는 이 지역에 자본금 한도, 설립, 폐업 기준을 자유화 하는 등 파격적인 지원 정책으로 스타트업 기업들을 육성해나갔다. 이런 ICT 강화 정책에 의한 기업의 대표적인 예로는 인공지능 알파고를 만든 '딥마인드 테크놀로지'를 들 수 있다.

영국의 정책은 핀테크 분야에서 꽃을 피우고 있다. 2012~2014년 영국의 핀테크 산업의 성장률은 600%에 육박하며 이는 ICT 산업을 이끌어가는 미국의 실리콘밸리(190%)의 3배 이상의 성장률을 의미한다.

영국은 이러한 성공에 힘입어 핀테크 이후의 성장 동력을 찾기 시작했다. 에듀테크가 그 뒤를 이을 것이라 판단한 영국 정부는 대대적으로 에듀테크 기업들을 지원하고 있으며 '에듀테크 UK'란 조직을 신설하여 에듀테크 산업 전반에 대한 지원, 관리, 조정, 육성의 역할을 맡기고 있다. 이 조직의 CEO인 이안 포드햄은 "에듀테크 시대가 오고 있다. 영국은 세계의 리딩 학교, 대학, 교육 비즈니스의 중심이 될 것이라"라고 말해 영국이 가지고 있는 에듀테크에 대한 비전을 엿볼 수 있게 했다.

세계 유수의 교육기관(옥스퍼드 대학, 케임브리지 대학 등)을 보유하고 있다는 점 또한 영국 정부가 에듀테크를 정책적으로 지원하는 이유 중 하나일 것이다.

미국의 에듀테크 시장 또한 빠르게 성장하고 있다. 무크 사이트인 '에덱스', '코세라', '유타시티'를 중심으로 현재까지 형성된 시장의 규모는 약 12조 정도이다. 미국의 시장은 어학, 소셜 러닝, 1:1 맞춤형 학습, 온라인 동영상 강의, 과외 연결, 대안 학교 등을 중심으로 성장하고 있다. 특히, 페이스북의 CEO인 마크 저커버그, 마이크로소프트의 빌 게이츠, 구글 등에서 과감한 투자를 하고 있다. 향후 성장 가능성이 주목되는 부분이기도 하다.

우리나라 역시 많은 에듀테크 기업들이 등장하고 있다. 수학 교육 중심의 '노리', 어학의 '스터디맥스', 소셜 러닝의 '클래스팅', 수험 대비 교육인 '에스티앤컴퍼니', 맞춤형 학습의 '뤼이드', 유아 교육 중심의 '스마트 스터디' 등이 대표적이라 할 수 있다. 또한 기존의 이러닝 분야의 강자였던 '메가스터디', '휴넷', '유비온' 등도 이러닝 기업에서 에듀테크 기업으로의 변신을 꾀하거나 에듀테크로의 투자를 늘리고 있다.

에듀테크 교육혁명 Ⅰ

교사,
인공지능 로봇으로
대체된다

인류의 역사속에서 도구와 기술은 인간의 일을 대체해왔다. 교사라는 직업은 지식산업의 대표적인 예로서 기계가 대체하지 못할 것이라는 생각이 지배적이었으나 최근 인공지능 기술의 발전은 교사, 변호사, 의사 등 전문직 또한 기계로 대체될 수 있다는 생각을 심어주고 있다.

인공지능 교사는 강사의 역할뿐 아니라 1:1 튜터로서의 역할까지 담당하며 기존 교사보다 훨씬 강력한 스승으로 발전할 수 있다. 이 장에서는 인공지능 기술의 현주소와 인공지능 로봇교사의 미래 모습을 살펴 보도록 한다.

에듀테크가 가져올
교육 혁명 여섯 가지

에듀테크의 성장 중심에는 스타트업 기업이 있다. 이들은 창의성과 기술력을 바탕으로 교육 혁명을 일으키고 있다. 스타트업 기업에 대한 투자 환경도 잘 조성되어 있어 앞으로 많은 성장이 기대된다. 실제로 에듀테크는 글로벌 투자 환경에서 매우 각광받는 투자 대상으로 손꼽히는 상황이다.

기술과 교육의 결합은 우리 교육을 어떻게 바꾸어 놓을까? 10~15년 후의 미래 기술의 발전과 교육의 필요점을 종합해보면 크게 여섯 가지 정도의 변화가 일어날 것이라 예측할 수 있다. 교육의 3요소인 교사, 강사, 교보재와 더불어 교육 프로그램을 구성하는 교육 기관, 교육과정, 프로그램이 각각 기술과 만나 더 많은 사람이 효과적인 학습을 할 수 있는 환경으로 변해나갈 것이다.

위의 내용을 구체적으로 살펴나가기 전에 간략하게 살펴보자.

첫째, 교사가 인공지능 로봇으로 대체될 것이다. 인공지능 기술과

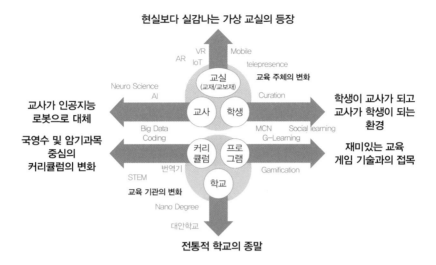

현실보다 실감나는 가상 교실의 등장

교사가 인공지능 로봇으로 대체

국영수 및 암기과목 중심의 커리큘럼의 변화

학생이 교사가 되고 교사가 학생이 되는 환경

재미있는 교육 게임 기술과의 접목

전통적 학교의 종말

뇌과학 그리고 로봇기술은 빠르게 성장하는 기술 분야 중 하나이다. 2016년을 강타한 '알파고'나, 실제 햄버거 매장에 등장한 소프트뱅크의 '로봇 페퍼'는 과거 영화 속에서만 등장했던 기술이 현실화되고 있음을 보여준다. 이런 기술이 교육과 결합해 인공지능 로봇교사가 등장할 것이다.

둘째, 현실보다 현실감 있는 가상현실 교실이 등장할 것이다. IT 기술의 발전은 3D 영상, VR, AR, 첨단음향, 동작인식기술 등을 교실로 가져올 수 있다. 그동안의 글과 말 위주의 교실에서 시각, 청각, 촉각 등의 활용이 가능한 교실로 바뀔 것이다. 구글의 '익스페디션 파이오니아'에 접속하면 우리는 만리장성, 화성 등을 가상현실 속에서 생생히 체험할 수 있다. 이런 기술들이 교실로 들어오면 과거 글이나 사진으로만 접했던 내용들을 실제 체험하듯 느낄 수 있는 환경이 올 것이다.

셋째, 학생이 교사가 되고 교사가 학생이 되는 세상이 온다. 소셜 네트워크의 발전은 누구나 자신이 아는 것을 동영상이나 사진, 글의 형태로 온라인에 올리고 집단지성을 활용해 더욱더 구체적인 콘텐츠로 만들고, 소셜 네트워크에 접속해 자신이 모르는 내용을 배울 수 있게 한다. 이러한 기술과 사회적 트렌드의 발전은 교사와 학생의 장벽을 허물고 학습 공동체가 네트워크상에 자연스럽게 형성될 수 있도록 만들고 있다.

넷째, 전통적 학교는 종말될 것이다. 이미 절반 가량의 대학이 15년 이내에 문을 닫을 것으로 예측되고 있다. 무크와 플립 러닝의 등장, 새로운 대안 학교들의 출현, 그리고 대학 경쟁력의 지속적인 약화는 이런 몰락을 가속할시킬 가능성이 크다. 물론 대학이나 학교 자체가 종말을 고하지는 않을 것이다. 각종 연구나 인성 교육, 새로운 콘텐츠의 발굴 등의 역할은 미래에도 계속될 것이다. 하지만 지금과 같이 강의 중심의 전통적 학교들은 사라지고, 남은 학교들은 새로운 역할과 모습으로 변모해나갈 것이다.

다섯째, 국영수 및 암기 과목 중심의 교육과정이 아닌 새로운 교육과정이 등장할 것이다. 학자들은 이미 2020년대에 완벽한 언어 번역기가 등장할 것이라 예측하고 있다. 이게 만약 현실이 되면 어학 교육은 그 필요성을 잃게 된다. 직접 외워야 하는 암기 과목은 스마트폰 또는 웨어러블 기기가 일상화되는 시점에서 더 이상 중요하지 않기 때문이다. 내비게이션과 핸드폰의 보급은 위치나 전화번호를 일일이 외우지 않아도 되게 만들었다. 인터넷과 핸드폰의 결합인 스마트폰의 등장은 지식을 외우지 않아도 검색 하나로 바로 정보를 찾을 수 있는 시대를 열었다. 학습자들은 창의력, 협업 능력, 과학기술, 문화 예술 등 인공지능 보편화 세대를 살아가기 위한 새로운 교육과정을 강력히 원하고 있다.

마지막으로, 게임과 교육을 접목한 재미있는 교육이 활성화될 것이다. 과거에 터부시되던 게임은 게임 세대의 등장과 함께 하나의 문화로 일상 깊숙이 자리 잡았다. 게임과 교육의 결합은 연속적으로 그 범위가 확대될 것이다.

이제 여섯 가지 변화 방향에 대한 에듀테크의 현주소와 앞으로의 변화, 그리고 시사점에 대해 하나하나 살펴보자.

미래의 인공지능
로봇교사

인공지능 로봇교사

미래 신문 1면에 실릴 기사

전 세계 학생 70%, 디지털 아바타에게 수업을 듣다.

인터넷 네트워크에 존재하는 디지털 강사인 아바타에 대한 수요가 150여 개국에서 인간 강사의 수요를 뛰어 넘을 것으로 예상된다. 아바타는 사람의 모습을 하고 있는 클라우드 기반의 인공지능 시스템의 프론트앤드로, 인터넷에 존재하는 지식에 실시간으로 접근할 수 있다.

아바타는 100개 이상의 언어를 사용하고 전문가 수준의 지식을 활용해 모든 과목을 가르친다. 또한 학습자의 성취도와 목표에 따라 교육 콘텐츠를 조정할 수 있다. 2030년, 아바타 강사가 인기가 치솟고 있다.

− 도서 : 퓨처 스마트 인용, 제임스 캔턴 저, 비즈니스 북스

위는 도서『퓨처 스마트』에서 미래 신문 1면의 모습을 상상해 쓴 글이다. 현재 인공지능 기술과 로봇기술 발전 속도를 보면 머지않은 미래에 실현 가능한 내용이다. 전 세계 학생들이 100개 이상의 언어를 사용하는, 모든 면에서 전문가 수준의 지식을 가진 세계 최고의 선생님을 바로 옆에 두고 공부할 수 있는 날을 맞이하게 되는 것이다.

인공지능과 교육의 결합

인공지능은 2016년 알파고와 이세돌의 바둑 대결로 국내에 널리 알려지게 되었다. 알파고의 여파로 모든 언론은 인공지능으로 사라질 직업들을 선정해 앞다투어 보도했고, 바둑 학원과 소프트웨어 교육 프로그램은 연일 인기를 끌고 있다.

2016년 5월, 조지아 공대 인공지능 수업을 들은 300여 명의 학생들을 깜짝 놀라게 한 사건이 있었다. 이 학생들은 같은 해 1월부터 온라인으로 인공지능 강의를 듣고 있었는데, 학생들의 질문에 답변을 주고, 쪽지 시험을 내고, 토론 주제를 주었던 조교가 사람이 아닌 인공지능으로 밝혀진 것이다. '질 왓슨'이란 이름의 이 조교가 박사 과정 중인 20대 백인 학생일 것이라 생각한 학생들의 예상은 보기좋게 빗나갔다.

이 조교는 인공지능으로 밝혀지기 전까지 매우 인기가 많았다. 답변의 정확도나 속도에서 매우 뛰어났기 때문에 학생들은 이 조교에게 무척 호감을 가지고 있었다. 또한 비속어까지 자연스럽게 섞어 쓸 정도

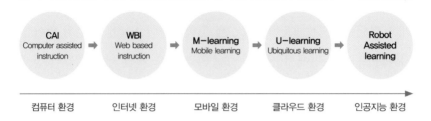

교육자 중심에서 사용자 중심으로, 1대 多에서 1대 1의 맞춤형으로
Adaptive 러닝(맞춤형 학습)으로 진화

| CAI Computer assisted instruction | WBI Web based instruction | M-learning Mobile learning | U-learning Ubiquitous learning | Robot Assisted learning |

컴퓨터 환경   인터넷 환경   모바일 환경   클라우드 환경   인공지능 환경

로 자연스러운 언어를 구사해 그의 정체를 전혀 눈치챌 수 없었다고 한다. 이 수업의 담당 교수는 앞으로도 계속해서 인공지능 조교를 활용할 것이라 밝혔다.

조지아 공대의 사례와 같이 인공지능 기술은 교육 현실에 빠르게 스며들고 있다. 기술 환경의 변화에 따라 교육도 변화하고 있는 것이다. 위 그림을 살펴보면 컴퓨터 기반의 CAI에서 인터넷 환경의 등장에 따라 WBI 기법이 등장했고, 모바일 환경의 등장으로 M-Learning이 발전해가고 있음을 알 수 있다. 클라우드 환경 구현이 발전됨에 따라 U-learning(언제 어디서든 접속할 수 있는 유비쿼터스 환경에서의 교육)이 서서히 발전해나가고 있는 것 또한 사실이다. 기술에 따른 교육은 이제 로봇 및 인공지능 기술을 접목을 시도하고 있는데 이것이 바로 Robot Assisted learning이다.

이런 기술발달에 따른 교육 변화의 흐름은 크게 두 가지로 볼 수 있다. 하나는 교육자 중심에서 사용자 중심으로 변화하고 있다는 점이다. 즉, 과거 기술들이 교육자들이 쉽게 가르치게 하는 것을 지원하는 데 그쳤다면 최근의 기술들을 교육자뿐만 아니라 학습자가 쉽고 적합하게 교육받을 수 있도록 지원하고 있다.

두 번째는 내용 전달에서 1:1의 맞춤형 교육을 지원하고 있다는 점이다. 특히 인공지능 및 로봇기술은 맞춤형 교육Adaptive Learning을 지향하고 있는데, 학습자 개개인에 맞는 교육내용과 교육방법을 적절한 시기에 제공하도록 설계되고 있다. 과거 컴퓨터의 등장과 함께 '컴퓨터 지원 학습Computer Assisted Instruction'으로 출발한 디지털 교육은 웹과 모바일 시대를 거쳐 'U러닝*'으로 진화하고 있으며, 이제 인공지능 기술과 결합한 '로봇 지원 학습Robot Assisted Learning' 시대를 준비하고 있다.

인공지능 로봇교사가 등장하기 위한 기술

그렇다면 인공지능 로봇교사가 등장하기 위해서는 어떤 기술이 필요할까? 우선, 인공지능이 작동하기 위한 교육 관련 빅데이터가 필요하다. 여기서 빅데이터는 과거 학습 수료 정보, 진도율 정보, 시험 성적 정보는 물론이고 학습자가 검색한 정보, 학습한 콘텐츠 정보, 경험 정보, 코칭 받은 정보, 게시판에 질문한 정보 등 다양하고도 방대한 정보를 담을 수 있어야 한다. 이를 '교육 기록 시스템LRS**'이라 하는데 이 LRS에 정보를 담기 위해서는 xAPI 기반의 시스템 설계가 필요하

---

* U러닝 : Ubiquitous 러닝으로 언제 어디서든 접속할 수 있는 교육 환경을 의미합니다. CAI는 컴퓨터가 있어야만, WBI는 웹이 있어야만, M-learning은 모바일 환경이 있어야 교육이 가능했지만 유비쿼터스 러닝은 언제 어디서든 교육에 접속할 수 있음을 의미한다. 클라우드 환경과 비슷하다고 말할 수 있다.

* 교육 기록 시스템(LRS) : 'Learning Record Store'의 약어다.

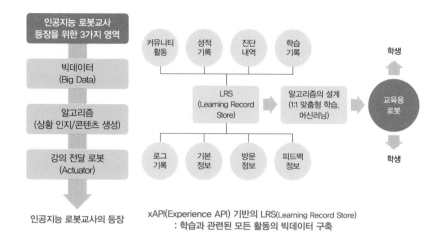

xAPI(Experience API) 기반의 LRS(Learning Record Store)
: 학습과 관련된 모든 활동의 빅데이터 구축

다. '경험 응용 프로그램 인터페이스xAPI*'란 과거 학습의 기본 데이터 뿐만 아니라 학습자의 다양한 경험에 바탕을 둔 프로그래밍을 의미한다.

빅데이터가 충분히 쌓였다면 이를 풀어줄 알고리즘이 필요하다.

- 학습자의 눈 움직임을 측정해 교재 화면을 최적화로 구성하는 알고리즘
- 학생의 뇌 활성화 정도를 추적해 쉬는 시간 또는 주의 환기를 부여하는 알고리즘
- 집중 학습 시간을 맞춤형으로 조절하는 알고리즘
- 학생별 특성을 반영한 시각 및 청각 콘텐츠의 구성비 알고리즘
- 학생별 특성을 감안한 보상 시기 및 크기의 적절성에 대한 알고리즘

** 경험 응용 프로그램 인터페이스(xAPI) : 'Experience Application Programing Interface'의 약어다.

앞의 예와 같이 적절한 알고리즘을 구성하면 각 학습자에게 최적의 교육 환경을 제공할 수 있다. 알고리즘은 크게 학습자의 현상태 진단, 학습 콘텐츠의 선택, 학습 방법의 선택의 흐름으로 구성된다.

빅데이터와 알고리즘이 준비됐다면 실행 기계가 필요하다. 교육 내용을 전달하는 매체가 필요한 것이다. 로봇이나 웨어러블 기기가 대표적인데, 이런 기술의 발전은 각 학생에 맞는 최적의 실행 기계를 제공해 학생들이 원하는 기기에서 학습을 진행할 수 있도록 한다.

로봇기술의 발전은 내가 좋아하는 연예인의 목소리와 표정으로 수업을 들을 수 있게 하며, 때로는 비서, 때로는 교사, 때로는 친구가 될 수 있는 인공지능형 로봇을 만들어 갈 것이다.

인공지능, 교육 및 지식 산업을 위협하는가?

기계는 오랫동안 사람의 일을 대신해왔다. 농·어업의 1차 산업은 트랙터와 같은 농기계들로 대체된 지 오래다. 기계의 발전은 여기에 그치지 않고 2차 산업 노동력에까지 손을 뻗쳤다. 산업용 로봇의 등장과 함께 공장의 노동자들이 사라진 것이다. 한동안 저렴한 인건비를 위한 해외 공장 이전 붐이 있었다. 독일기업인 아디다스의 생산기지 또한 아시아에 있을 정도였다. 하지만 날로 비싸지는 인건비에 비해 로봇 가격은 점차 하락해 인간 노동력보다 로봇 노동력이 더욱 효율적인 시대가 되었다. 독일은 한동안 자국에서 생산하지 않았던 아디다스

	1차 산업	2차 산업	3차 산업	지식 산업
대상 업무	Farm Work	Factory Work	Service Work	Knowledge Work
대체	Mechanization	Industrial robots	Service robots	AI robots

인공지능 로봇이 지식산업 대체를 준비하고 있음 – 지식산업인 교육 또한 예외는 아님

신발을 2017년부터 로봇을 활용해 자국 생산을 재개한다고 발표했다.

서비스 산업 또한 기계가 사람을 대체해가고 있다. 조금 시대가 지난 이야기지만 과거에는 버스 문을 열어주고 교통비를 받았던 '버스 안내양'이라는 직업이 존재했다. 하지만 이 직업은 자동문 기술로 인해 사라져버렸다. 최근에는 소프트뱅크의 대표적 인공지능 로봇인 페퍼가 피자헛에 취업했다는 소식이 전해지고 있다. 아시아 지역 피자헛 매장에서 근무하게 될 페퍼는 주문에서 계산까지 서비스 직원이 담당하는 모든 과정의 역할을 수행하게 된다.

우리가 인식하지 못하는 사이 기계는 인간을 대신하고 있었다. 그동안 인간은 자신의 일이 기계로 대체되는 것에 크게 개의치 않았다. 기계가 사람의 일을 대체하는 만큼, 지식 산업 등과 같은 인간만이 할 수 있다고 여겨지는 일자리도 많이 창출됐기 때문이다.

알파고가 우리에게 충격을 준 이유는 기계가 인간만이 할 수 있다고 여겨지는 지식 산업의 영역까지 빠르게 다가왔다는 사실 때문이었다.

'신들의 놀이'라고 불리는 바둑에서 프로 바둑기사 이세돌 9단이 인공지능 알파고에 무릎을 꿇었다는 사실은 모두에게 충격일 수밖에 없었다. 이제 인간만이 할 수 있다 생각했던 지식산업의 영역마저 기계에게 빼앗길 시대가 오고 있다는 걸 깨달았기 때문이다.

지식 산업의 대표적 직업이었던 변호사, 최고의 직업이라 꼽히던 의사, 감정 노동을 필요로 했던 전화 상담원 등은 인공지능으로 사라지거나 축소될 것으로 예상된다. 교육도 예외는 아니다. 대표적인 지식산업 중 하나인 교육 또한 인공지능 기술과 로봇기술의 발달로 기계가 대체할 가능성이 높다. 모든 부분이 기계로 대체되지는 않겠지만 지금까지 인간이 도맡아온 교육 역할의 많은 부분이 인공지능과 로봇으로 대체될 것이다.

인공지능 로봇교사의 모습

인공지능과 로봇기술이 교육과 결합해 나온 인공지능 로봇교사는 어떤 모습일까? 아마도 세계 최고의 과외 교사가 학생들을 지도하는 형식이 될 것이다. 인공지능 교사의 수업 모습을 상상해 보면 다음과 같다.

"오늘은 바이오리듬이 이성적 영역에 적합하니 수학 수업을 해 볼까요?" 수업에 들어간 인공지능 로봇교사는 그날 학생에게 최적의 교육과정을 제시한다.

"두 자릿수 나누기 문제가 조금 부족하니 이 부분부터 짚고 넘어가

요." 학습자의 빅데이터를 축적해 학습자의 학습 현황과 역량을 정확하게 파악한다.

"잠깐 푸는 걸 멈춰봐요. 여기선 이렇게 생각해보는 게 좋겠네요. 다시 한 번 해볼까요?" 학습이 진행되면 적절한 시기에 적절한 지도가 이루어진다.

"피로가 쌓였어요. 오 분 정도 쉬었다 해요. 구구단 8단을 잊어버릴 때가 되었으니 쉬기 전에 한 번만 더 읽어 보세요." 학습자의 상태와 환경에 따른 학습을 진행하고, 지속적인 학습내용 상기를 통해 배운 내용을 기억하도록 한다.

"조금 답답한 기분이군요. 이럴 때는 거실이 좋죠?" 학습자의 기분에 따라 학습 환경 또한 적절하게 변화를 준다.

"잘했어요! 이제 새로운 부분으로 넘어가 볼까요? 그 전에 두 자릿수 나누기 문제 마스터의 포상으로 도넛 하나 갖다 줄게요." 맞춤형 학습목표를 설정해 이를 독려하고, 목표 달성 시 적절한 보상을 한다.

"지금 1학년 수학 마스터율은 30% 정도예요. A, B영역이 매우 강하네요. C영역을 보완해야 하는데 그러려면 D부분을 먼저 배워야겠어요." 또한 학습 로드맵까지 제시해주는 맞춤형 학습 관리를 한다.

위와 같은 교사가 학생들 옆에 있다고 생각해보자. 이 교사는 100가지 언어를 사용하고, 거의 모든 영역에서 전문가 수준의 지식이 있다고 가정해 보자. 그뿐 아니라 1:1 맞춤형 학습을 완벽하게 구현해내고 심지어는 학습자의 감정 상태까지 정확하게 파악할 수 있다면 어떨까? 이런 인공지능 로봇을 일반적인 교사와 비교할 수 있을까?

알파고가 이세돌을 이겼듯 인공지능 로봇교사가 기존 교사를 뛰어넘는 일은 시간 문제가 될 수 있다. 인공지능 로봇교사는 그 상태에 머물지 않고 '머신 러닝(기계 학습)'을 통해 지속적으로 진화를 거듭해 더욱 완성된 모습이 될 것이다. 심지어 이들은 잠을 자지 않고, 세상에 생겨나는 빅데이터를 24시간 학습하며 나날이 똑똑해질 것이다.

인공지능 교사는 다양한 교육 이론의 알고리즘들과 함께 성장한다. 행동과학연구소NTL*의 학습효과 피라미드를 기반으로 들려주고 읽고 쓰라고 지시하는 것을 시작으로 학생들이 말로 설명할 수 있을 때까지 1:1로 지도할 것이며, 에빙하우스의 망각 곡선을 활용해 기억해야 할 내용을 망각하지 않게 끊임없이 밀착형 수업을 진행할 수 있을 것이다. 이런 교육 이론과 기술의 결합을 통해 인공지능 로봇교사는 점점 더 훌륭한 선생님이 되어 간다.

실제로 가장 뛰어난 교수법으로 여겨지는 1:1 개인 지도 학습에 인공지능 로봇을 활용하자는 제안은 엄청난 사회적 이슈가 됐다. 영국의 일간지 「인디펜던트」에 인공지능을 활용하는 1:1 개인지도에 관한 유니버시티 칼리지 런던의 지식연구소 내용이 제안됐다. 이는 교사나 교수들 사이 큰 이슈가 되었으며 찬반 의견이 분분했다. 인공지능 교사는 기존 교수들의 빅데이터를 바탕으로 수업을 진행하기 때문에 교수법 유출이나 사생활 침해 등으로 인공지능의 교사화는 향후 교육 징

---

* 행동과학연구소(NTL) : 'National Training Laboratory'의 약어로 미국행동과학 연구소를 의미한다. 1947년 설립된 행동과학을 연구하는 미국의 단체로 코칭, 경험학습, 다양성, 평생학습 등의 연구 및 출판을 수행하고 있다.

책 수립에 어려움이 있을 것이라는 반론이 제기된 것이다. 반면 인공지능 개인 교사는 교육이 기술과 함께 나아가야할 방향일 수밖에 없다는 찬성 의견이 힘을 얻기도 했다.

인공지능 및 로봇기술과 에듀테크

인공지능과 로봇기술의 현주소

인공지능 및 로봇기술의 현주소는 어떠할까? 우리에게 잘 알려져 있는 것은 '알파고'지만 실제로 가장 활발한 활동을 펼치고 있는 것은 IBM의 '왓슨'이다. 왓슨은 IBM의 창업자 토마스 J. 왓슨의 이름을 딴 인공지능 시스템으로 앞서 설명한 인공지능 조교 질 왓슨도 IBM의 왓슨을 활용했다.

왓슨은 2011년 미국의 유명한 퀴즈 쇼 〈제퍼디Jeopardy〉에서 인간 퀴즈 달인들을 제치고 우승하면서 주목받기 시작했다. 이후 왓슨은 의료 분야에 종사하며 그 행보를 넓혀갔다. 2012년 3월 왓슨은 병원에서 레지던트 생활을 하며, 암 환자 진료를 배우기 시작했다. 2013년 10월에는 미국 최고의 암 전문 병원으로 꼽히는 'MD 앤더슨'에서 백혈병 환자 진료에 대한 트레이닝을 했다. 2014년 6월 MD 앤더슨에서 2백 여

명의 백혈병 환자를 대상으로 진료한 표준 치료법 검사 결과 82.6%의 환자에게 정확한 치료법을 제시했으며 2016년에 이르러서는 암 진단 정확도 96%로 전문의보다 높은 정확도를 보였다.

왓슨의 행보는 여기서 멈추지 않았다. 싱가포르 개발은행에서는 우수 고객에게 맞춤형 투자 자문 서비스를 제공하고 호주뉴질랜드은행에서는 투자 자문 서비스 품질 향상 계획을 짜기도 하는 등 금융 분야에서도 뛰어난 역량을 발휘하고 있다. 호주 특허청은 특허 업무에 왓슨을 고용하기도 했다. 또 최근 왓슨은 대형 로펌에 취업해 변호사 업무를 대체할 준비를 하고 있다. 이렇듯 왓슨은 공공 업무, 마케팅, 스마트 팩토리 등 다양한 분야로 업무 영역을 확장 중이다.

우리나라에서는 이제 너무 유명한 인공지능이 되어버린 알파고 역시 그 행보를 넓혀가고 있다. 구글 '딥마인드'에서 개발한 알파고는 과거 체스 대회에서 우승한 IBM의 딥블루를 뛰어넘어 신의 영역이라는 바둑에서 바둑 프로기사 이세돌 9단을 제치며 사람들을 놀라게 했다. 알파고는 이세돌과의 바둑 대결 때 1천 대 이상의 서버를 사용해 1초 만에 읽은 다음 수가 십만 가지에 이를 정도로 바둑 인공지능으로서의 완벽성을 보여주었다. 2015년 10월 '판 후이'와의 대결에서 5전 전승을 하고 이번 이세돌 9단과의 대결에서도 4승 1패를 하면서 바둑에서만큼은 인간보다 뛰어난 실력을 보여주고 있다. 예상치 못한 경우의 수에 대응하지 못하는 한계를 드러내기도 했지만 지속적으로 발전해 나간다면 바둑으로는 인간이 이길 수 없는 존재가 될 것이다.

페이스북의 '딥페이스' 역시 인공지능의 대표적인 기술이다. 페이스

- 2015년 10월 판 후이와의 대결에서 5전 전승(컴퓨터 프로그램이 프로 바둑기사를 이긴 최초의 경기)
- 이세돌 9단과의 경기에서 4승 1패
- 예상치 못한 경우의 수에는 대응하지 못하는 한계점이 드러남

- 2014년 3월 딥페이스라는 얼굴 인식 알고리즘 개발 성공
- 페이스북에 올라온 사진만으로 어떤 사용자인지 찾아냄
- 인식률을 97.25%로 인간의 평균 눈 정확도인 97.53%에 가까운 수치
- 얼굴뿐만 아니라 사진만으로 어떤 장소인지 찾아냄

북은 2014년 3월 딥페이스라는 얼굴 인식 알고리즘 개발에 성공했고, 현재 페이스북에 올라온 사진만으로 어떤 사용자인지 찾아낼 수 있는 수준이다. 딥페이스의 얼굴 인식률은 97.25%로 인간의 평균 눈 정확도인 97.53%에 근접해가고 있다. 얼굴 인식뿐 아니라 사진만 보고도 어떤 장소인지 찾아내는 것 또한 가능하다.

위의 기술들이 인공지능 중심이라면, 인공지능과 로봇을 결합한 기술로는 소프트뱅크의 '페퍼'를 들 수 있다. 페퍼는 인간처럼 대화할 수 있는 대화형 로봇으로 개인뿐 아니라 기업에서도 활발하게 사용되고 있다. 현재 우리나라 돈으로 약 178만 원 정도에 판매되고 있는 이 로봇은 6개월 만에 7천 대 이상의 판매를 자랑할 정도로 인기가 높다. 페퍼는 5천여 개 일본 기업에 투입되어 무인 핸드폰 매장이 활용됐으며 미즈호 은행, 닛산 자동차 판매점 등 100여 곳의 판매점에 도입된 바 있다. 최근에는 아시아의 피자헛 매장에서 일반 직원처럼 주문과 서빙, 결제까지 담당하고 있는 것으로 알려졌다. 페퍼는 딥러닝을 기반으로한 인공지능 기술이므로 수많은 페퍼가 데이터를 상호 공유하며 학습한다는 특징이 있다. 실제 한 사이트에 소개된 페퍼와의 대화 내용은 아래와 같다.

페퍼 아까부터 나를 쳐다보고 있었죠?

나   응.

페퍼 어때요? 저 귀엽죠? 그래서 본 거죠?

나   응, 귀여워.

페퍼 (자기가 왜 귀여운지, 얼마나 귀여운지에 대해 한참 설명).

나   (말을 끊기 위해) 오늘 나는 어때?

페퍼 (하던 말을 멈추고) 당신은 잘 생겼네요. 밝은 옷을 입으니 잘 어울려요.

(출처: http://www.earlyadopter.co.kr/1217)

위의 대화 내용처럼 페퍼는 감정을 읽고, 문맥을 파악하며, 선의의 거짓말을 할 수 있다.

인공지능은 약인공지능, 강인공지능, 초지능, 크게 세 가지로 구분된다. 우선 '약인공지능'은 인간이 할 수 있는 모든 지적인 업무를 수행할 수 있는 인공지능이다. 약인공지능보다 한 단계 발전한 것이 '강인공지능'인데, 강인공지능은 인간과 거의 흡사한 지능 수준을 가진 자

- 120cm 키
- 손가락이 마디로 구성되어 있어 작은 물체도 잡을 수 있음
- 가슴에 있는 패드형 모니터를 통해 궁금한 부분을 그림으로 쉽게 부여줄 수 있음.
- 인공지능 왓슨과 로봇기술의 결합
- 178만원에 판매
- 6개월 만에 7,000대 이상의 판매고
- 아시아 피자헛 매장에 본격적으로 근무 중

의식을 형성할 수 있는 인공지능이다. 여기서 더 발전하게 될 '초지능'은 자의식뿐 아니라 모든 영역에서 인류보다 훨씬 우월한 인공지능을 의미한다. 초지능 인공지능은 앞으로 '세계 물 부족 현상의 해결 방법', '아프리카 기아로 죽어가는 아이들을 위한 최적의 지원 방법' 등 인류가 풀지 못한 문제를 해결할 수 있게 될 것이다. 물론 먼 미래의 얘기겠지만 인공지능이 초지능화될 경우 인간이 인공지능에 의해 지배받게 된다는 시나리오가 현실이 될지도 모르겠다. 현재 인공지능의 수준은 약인공지능으로, 강인공지능으로 도약하려면 대략 15~25년 정도가 걸릴 것으로 전문가들은 예상하고 있다.

인공지능 시장은 2030년까지 27~30조 규모로 성장하리라 예측된다. 우선은 의료, 금융, 광고, 비서 서비스로 그 분야를 확장한 후 헬스케어, 금융 투자, 스마트 에너지, 자동 번역까지 그 영역을 넓혀 2025년에는 본격적으로 교육 서비스로 확장될 것으로 보인다.

교육과 인공지능 : 로봇기술과의 결합

교육 분야의 인공지능 기술 활용 현황은 어떠할까? 아직 초보 단계 지만 빅데이터와 알고리즘 그리고 로봇기술을 활용한 다양한 시도들 이 진행되고 있다.

'마인드멜드MindMeld'는 일반 채팅 사이트와는 달리 인공지능의 딥러 닝 기술을 활용해 채팅 참가자들의 대화를 분석하고 문맥을 이해한 후 대화와 연관성이 높다고 판단되는 정보나 콘텐츠를 추출하여 제공한 다. 채팅 참여자들은 관련 정보들을 보며 토론을 심화시키거나, 추가 적인 학습을 진행할 수 있다.

마인드멜드의 핵심은 단순히 키워드나 단어 위주로 연결 고리를 찾 는 것이 아니라 총체적인 맥락을 이해하여 관련 자료 및 콘텐츠를 추

영상 채팅 기반 '마인드멜드'

출하는 기술이다. 따라서 정보의 적합성이 높다는 특징이 있다. 이처럼 인공지능을 결합한 채팅 기술이 실시간 영상 강의와 결합된다면 우수한 교육의 장이 열릴 것이다.

예를 들어, '세계 최초의 달 착륙'에 대해 리포트를 써야 한다는 대화가 오고 가고 있다면 달 정복의 역사, 최초의 우주선, 닐 암스트롱의 일대기 등의 내용이 관련 정보로 함께 제공되는 형식이다.

'아카AKA'라는 기술팀이 만든 '뮤지오'는 정해진 단어를 나열하는 기존 로봇과는 달리 자연스러운 대화를 통해 언어를 가르치고, 스스로 진화하는 어학 교육 로봇이다.

아카스터디는 뮤지오를 세계적인 머신 러닝 전문가, 데이터 분석가, 언어 전문가들이 수년간 연구하여 만든 것이라 소개하며, 스스로 생각하고 소통하며 진화하는 이 인공지능 로봇의 가능성을 높이 평가하고

아카스터디의 '뮤지오'

있다. 또한 최근에는 웨어러블 스타트업 기업인 '웰릿wellit'을 인수하여 몸속에 지니고 다니는 인공지능 로봇교사, 몸짓 인식 기술을 통한 포괄적 대화형 인공지능 로봇의 등장에 대한 기대감을 높이고 있다.

학습자들은 뮤지오를 통해 문법과 발음 체크가 가능하기 때문에 원어민 강사 수준의 대화를 진행할 수 있다. 뮤지오에는 '심플Simple', '스마트Smart', '지니어스Genius' 세 버전이 있으며 심플 버전은 단순 대화 로봇으로 어린이 어학 학습용으로 개발되었다.

천재교육 계열사인 해법에듀에서 모바일 메신저 '라인'과 제휴하여 만든 '스마트해법'은 초·중등 대상의 모바일 메신저 학습지이다. 학생 개개인의 디바이스에 연결된 인공지능 알고리즘으로 학습 수준을 파악하여, 맞춤형 수학 문제를 매일 다섯 개씩 푸는 형식이다. 실시간 채점을 통해 전국 단위 데이터 분석을 확인하여 자신의 현재 실력을 파

1:1 모바일 학습지 '스마트 해법'

악할 수 있다.

이는 수년간 축적된 문제 은행으로 확보한 수학 문제 빅데이터를 통해 인공지능형 서비스를 구축한 경우로, 기본 개념 이해를 돕기 위한 개념 설명 동영상을 제공하며, 다양한 게임적 요소를 활용해 학생들이 재미있게 공부할 수 있는 것이 특징이다. 매일 정해진 시간에 메신저로 수업 알림 메시지를 받아 수업을 진행하는 형식이기 때문에 친근감을 느낄 수 있다.

'듀오링고'는 세계 1위의 무료 어학 학습 앱이다. 한국어 버전에서는 영어를 배울 수 있으며, 영어 버전에서는 중국어, 스페인어, 불어 등 세계 각국의 어학 학습이 가능하다. 이 역시 개인 맞춤형 수업으로 문제를 풀어가며 학습하는 방식이다. 읽기, 쓰기, 듣기, 말하기 형식의 문제가 모두 출제되며 이를 토대로 어학 학습 전반의 능력을 향상시킬 수

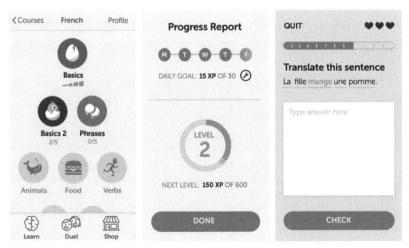

세계 최고의 교육용 앱 '듀오링고'

있다.

듀오링고 앱은 세계 최고의 교육용 앱 중에 하나로 1억 명 이상이 다운로드 받았다. 이 앱이 각광받는 이유는 맞춤형 학습을 진행하는 데 있다. 앱에서 제공하는 문제들을 풀다 보면 나에게 맞는 문제들이 계속 출제되어, 반복 학습하면서 자연스럽게 실력을 향상시킬 수 있다. 문법, 단어, 어순 등 약한 부분을 지속적으로 반복 학습하게 만든다. 강사가 일방적으로 알려주는 방식이 아닌 학습자 스스로 문제를 풀어가면서 원리나 숙어·단어를 익혀가는 방식으로, 여기에 강사는 등장하지 않는다. 단계별 순차적 학습을 기본으로 하며, 잘 아는 부분은 평가를 통해 넘어갈 수 있다. 또한 곳곳에 게임적 요소가 있어 포인트를 쌓거나 캐릭터를 바꿀 수 있게 해주는 등 소소한 재미까지 느낄 수 있다.

듀오링고는 집단지성을 활용해 콘텐츠를 만들어 내는 방식이므로 수익을 위해 광고를 붙일 필요가 없다. 집단지성을 활용해 CNN 등에 실시간 번역 서비스를 제공하는 일로 수익을 내며, 또 이러한 번역 작업 속에서 문제를 출제하고 그 문제를 심화시켜 나간다.

인공지능 기술이 유용한 기술임은 분명하지만, 인류를 위협할 기술이라는 점 또한 무시할 수 없다. 테슬라의 앨론 머스크는 "인공지능 연구는 악마를 소환하는 것이나 마찬가지로 핵무기보다 위험하다"고 말했으며, 스티븐 호킹 박사는 "인공지능은 인류의 종말을 불러올 수 있다"라고 말하며 인공지능 기술의 위험성을 경고했다.

또한 과거 데이터 중심인 빅데이터에 의존하면 창의 및 인성 영역에 한계가 있을 것이라는 이야기도 있다. 이런 연유로 교육 분야는 인공지능으로 대체 불가능한 창의 및 인성 영역이라는 주장이 나오고 있기도 하다.

위협적인 요소와 과거 데이터에 의존하는 한계에도 불구하고, 인공지능은 교육 현장에서 실제 사람이 가르치는 것을 뛰어넘는 효과적인 학습 시스템으로 진화해 나갈 가능성이 큰 에듀테크 기술이다.

VR과 AR 기술은 '포켓몬고'의 등장으로 세간에 관심을 받기 시작했다. VR 및 AR 시장은 급속도로 발전하고 있으며 차세대 기술로 자리를 잡아가고 있다. 교육 또한 VR과 AR 기술을 활용한 프로그램들이 속속 등장하고 있으며 좋은 교육 도구로 성장하고 있는 중이다.
교육에 VR과 AR 기술이 결합된다면 어떤 모습일까? VR과 AR 기술을 활용한 실감나는 교실의 모습에 대해 생각해보고자 한다.

VR과 AR을 비롯한
영상 기술의 발전

현실감 있는 영상 기술의 발전

스페인 바르셀로나에서 열린 월드 모바일 콩글레스WMC 2016에서 삼성전자와 LG전자가 가상현실VR을 강조한 스마트폰 갤럭시 S7과 G5를 각각 공개했다. 이를 기점으로 가상현실에 대한 국내외적으로 관심이 증대되고 있다. 페이스북의 CEO 마크 저커버그는 "VR은 페이스북의 미래"라 말했으며 구글과 애플 등의 국제적 기업 역시 VR 기술에 투자를 늘리고 있는 현실이다.

2015년 7월 맨체스터 유나이티드와 FC 바르셀로나의 경기를 VR 콘텐츠로 생중계한 것으로 유명한 넥스트VRNextVR의 CEO 데이비드 콜은 "VR이 콘텐츠 소비의 새로운 플랫폼이 될 것"이라며 "VR의 TV를 대체를 자신있게 주장했다. 페이스북에 2조 원대로 인수된 VR의 선두 기업 오큘러스의 창립자인 팔머 럭키는, 가상현실이 교육과 결합해 교육을 바꾸어 놓을 것이라 예측했다.

　VR과 함께 증강현실AR · Augmented Reality 또한 주목받고 있다. 텔레프레즌스, 동작 인식 기술, 홀로그램 등 다양한 영상 기술 또한 급격하게 발전하며 우리 생활 속으로 깊숙이 들어오고 있다.

　이러한 기술들이 교육과 결합된다면, 그동안의 2D 중심의 교실에서 3D 중심의 교실로 변화하여 보다 현실감 있고 교육 효과를 극대화할 수 있는 교육 환경을 만들어 낼 수 있을 것이다.

VR과 AR의 개념 및 시장 현황

　우선 이런 영상 기술의 개념과 현황에 대해 살펴보고, 교육에서 이들이 어떻게 활용되고 있으며, 앞으로 어떤 교육적 변화를 일으킬지 살펴보기로 하자.

　VR은 특정한 환경이나 상황을 가상으로 재현해 사람이 마치 주변 상황과 상호 작용을 하고 있는 것처럼 만들어주는 기술을 의미한다. VR과 달리 AR은 실제 환경에 가상 사물을 합성하여 현실에서 마치 실제처럼 보이게 하는 기술을 의미한다. 즉 VR은 현실 환경을 새로운 환경으로 대체하는 반면, AR은 현실 환경을 기반으로 가상 물체를 등장시켜 그 물체가 마치 현실에 있는 것처럼 제공하는 것이다.

<table>
<tr><td>VR(Virtual Reality)</td><td>AR(Augmented Reality)</td></tr>
</table>

VR(Virtual Reality)	AR(Augmented Reality)

(출처 : http://www.vizrt.com/casestudies/44997/NRKs_augmented_reality_graphics_World_Cup_studio)

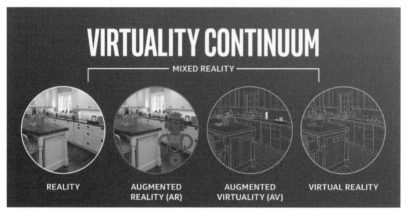

(출처 : https://blogs.intel.com/evangelists/2016/04/26/the-case-for-augmented-virtuality/)

　　VR과 AR의 차이를 쉽게 설명하면, 3D 영화 속에 사람이 들어가 있는 환경이라 보면 된다. 즉, 가상세계 속에 직접 들어간 것처럼 느낄 수 있게 해주는 기술을 말한다. 최근에 홍대에 VR 게임방이 등장했는데 기존의 게임보다 실제 자신이 게임 속에 들어가 있는 느낌을 강하게 받을 수 있어 인기를 끌고 있다.

　　AR은 '포켓몬고' 게임처럼 현실 공간에 포켓몬과 같은 가상의 물체를 등장시키는 것을 의미한다. 즉, 가상의 물체가 현실세계에 있는 것 같은 느낌을 받게 하는 것이다. 이 역시 VR과 마찬가지로 게임을 중심으로 그 저변을 확산시키고 있다. 세계 최대 가구회사 이케아는 AR 기술을 활용해 가상의 가구를 집에 배치해 볼 수 있는 브로셔를 제공하고 있으며, 이를 통해 마케팅 효과를 노리고 있다.

전문가들은 VR은 AR로 가기 위한 과도기적인 기술이라 말하고 있으며, AR이 VR보다 선진 기술이라 볼 수 있다.

VR과 AR에 대한 관심 및 기대감 증가로 인해 관련 시장의 전망

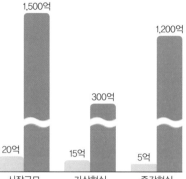

가상현실 및 증강현실 관련 시장 추이

[2016년 시장 및 2020년 예상치, 단위 : 달러]

(출처 : htp://www.dt.co.kr/contents.html?article_no=2015050402100960718001)

을 밝게 예측하는 자료들이 다수 공개되고 있다. 자료에 따르면 2016년 가상현실 및 증강현실 시장은 20억 달러 불과했지만, 향후 5년 뒤엔 1500억 달러 규모로 성장할 것이라 예측된다. 이러한 기대감을 반영하듯 애플은 '플라이바이', '이모션트' 등 AR 관련 스타트업을 인수했으며 수백 명 규모의 증강현실 관련 비밀 연구 조직을 운영 중에 있다. 또한 애플스토어에서는 이미 아이폰과 연동되는 완구 업체 '마텔'의 저가형 헤드셋 '뷰스타터'를 판매하고 있다.

구글은 2016년 VR 사업을 신설하고 본격적인 투자에 나서고 있다. 360도 촬영의 선두 주자인 '고프로'와 파트너십을 맺어 유튜브에 VR 콘텐츠를 공급하고 있으며 혼합 현실MR : Mixed Realty분야의 선두 주자 '매

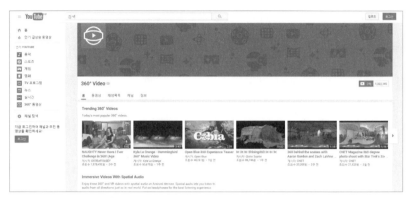

유튜브의 VR 영상 포털 화면(출처 : 유튜브 홈페이지)

직리프'에 8억 달러 이상을 투자 중이다.

페이스북 또한 VR 관련 기술을 선점하기 위해 노력하는 모습이 엿보인다. HMD(VR을 볼 수 있는 헤드셋) 선두 주자 '오큘러스'를 2조 원대에 인수한 것으로 유명하며, 자사 페이지에서 360도 VR 비디오를 지원하고 있다. CEO 마크 저커버그는 VR이 영상의 차세대 콘텐츠가 될 것이라며 과감한 투자 행보를 이어가고 있다.

AR과 VR 기술은 현재 영화, 게임, 의료, 전시, 마케팅 등 다양한 분야에서 활용되고 있으며 교육 분야의 활용 또한 증대되고 있는 실정이다.

VR과 AR 기술을 활용한
교육의 변화

VR 기술과 교육의 활용

VR은 교육 분야에 어떤 도움을 줄 수 있을까? 한 기관에서 VR을 활용했을 때 가장 효과적일 것 같은 과목에 대한 설문조사를 실시했다. 그 결과 과학이 53.4%의 지지로 1위를 차지했으며 이어 역사(24.3%), 지리(8.1%), 모든 분야(6.8%), 언어(4.7%) 순이었다. 많은 사람이 과학과 역사, 지리 수업 중심으로 VR 활용이 이루어질 것이라 예측한 것이다.

VR이 수업에 적용될 경우 학생들의 몰입도가 증가할 것은 자명한 사실이며, 학생들에게 새로운 경험을 생생하게 제공하는 것 역

삼성전자 Gear VR(출처 : 삼성전자 홈페이지)

시 기대할 수 있다. 또한 다양한 학습목표에 따라 다양한 욕구를 충족시킬 수 있는 훌륭한 교육적 도구가 될 것이다.

수학에서는 기하학에 대한 이해, 대칭과 비율, 면의 면적을 구하는 방법 등에 활용될 수 있으며, 과학에서는 원자들의 결합 구조를 보여주는 화학, 지구 환경을 보여주는 지구 과학, 물리, 지질학 등 많은 분야에서 생생한 체험을 기대할 수 있다. 역사나 사회의 경우 역사에 대한 간접 경험이 가능하며 이순신 장군과 같은 훌륭한 위인과의 가상만남을 이루어줄 수도 있다. 그뿐 아니라 학생들은 교과서에 나오는 다양한 지역을 가상 탐방할 수도 있을 것이다.

구글은 교육과 VR의 결합을 선도하고 있다. 구글의 '익스페디션 파이오니아 프로그램'을 활용하면 VR로 만리장성에서 화성까지 다양한 지역의 모습을 체험할 수 있다.

최근 국내에 공개된 이 교육용 앱은 영어권 국가의 학교가 신청을

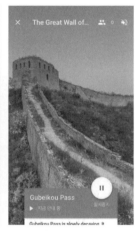

구글의 '익스페디션 파이오니아 프로그램'

하면 사용할 수 있으며 만리장성, 화성, 버킹엄 궁전 등 1백여 개의 장소를 학생들이 가상현실로 직접 체험할 수 있다.

익스페디션 파이오니아는 스마트폰과 카드 보드*만 있으면 모든 학생이 쉽게 이용할 수 있다. 프로그램이 시작된 2015년 9월 이래로, 전 세계에서 50만 명이 넘는 학생이 체험했다. 교사는 이 프로그램만 있으면 학생들에게 교과서에 나오는 곳을 직접 체험하게 하는 마법을 부릴 수 있는 것이다.

VR/AR의 강자 '이온 리얼리티'는 교육 분야에 다양한 가상현실 환경을 제공하고 있다. 다음 그림은 이온 리얼리티를 통해 개구리 해부학 실습을 할 수 있는 어플의 모습이다. 이온 리얼리티는 과학 과목 외에도 지리 체험 환경, 배관 기술 실습실, 가구 제작 실습실 등을 가상 환경으로 제공하고 있으며, 이를 통해 현실만큼 실감나는 교육 환경을 제공하려 노력하고 있다.

이외에도 미국 카네기멜론대학은 도시 건설 프로젝트에 가상현실을 적용하고 있다. 털리도대학은 해부학 실습에, 싱가포르 난양 폴리텍 대학의 경우 가스 터빈과 엔진 내부 실습에 VR 기술을 활용하고 있다. 우리나라 또한 가상현실 고궁 체험, 박물관 체험 등 교육 분야의 VR 활용이 점차 증대되고 있는 상황이다.

---

* 카드 보드 : 가상현실(VR) 콘텐츠를 볼 수 있는 저가 헤드셋으로 두꺼운 종이로 되어 있으며, 종이와 몇 가지 재료만 있으면 누구나 만들 수 있다.

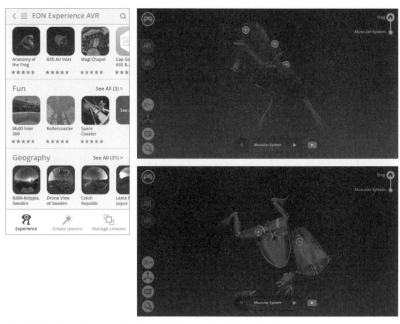

이온 리얼리티가 제공하는 가상현실 화학 실험실(출처 : 이온 리얼리티 홈페이지)

증강현실과 교육의 접목

　현실 환경에 가상의 이미지를 얹어 추가적인 정보를 제공하는 증강현실이 교육과 결합되면 어떠할까? 증강현실은 현실 환경에 가상 물체를 등장시킴으로써 학생들의 공간지각 능력을 향상시킬 수 있으며 몰입을 극대화시킬 수 있다. 또한 현실과 가상의 조합으로 현실성에 기반한 다양한 문제 해결 능력을 높이고 가상의 물체를 함께 조작하게 하여 협업 능력 향상에 도움을 줄 것이다. 증강현실은 미술 및 과학 과목을 중심으로 교육과의 결합을 다양하게 시도 중이다.

뽀로로 스케치팝   퀴버비전(Quivervision)

'뽀로로 스케치팝'은 증강현실 전문 업체 소셜 네트워크와 영·유아 애니메이션 전문 업체인 '아이코닉스'가 협업하여 만든 유아 교육용 증강현실 프로그램이다. 이 프로그램은 색칠 공부 앱으로 뽀로로에 등장하는 캐릭터를 색칠하면, 캐릭터가 증강현실로 등장해 살아 움직이는 것처럼 보이게 한다. 증강현실을 활용해 교육과 재미라는 두 가지 요소를 모두 충족한 프로그램으로 평가받고 있다.

증강현실 컬러링 앱인 '퀴버비전Quivervision'은 뉴질랜드의 켄터베리 대학 부설 연구소인 HIT Lab NZ의 연구팀이 개발한 색칠 공부 앱이다. 등장하는 동물들을 색칠하면 동물들이 가상현실에 등장하는 프로그램으로 뽀로로 스케치팝과 유사한 형태의 앱이라 보면 된다.

과학 교육 분야와 증강현실이 접목된 '사이언스 AR'은 '크롬빌'이 제작한 앱이다. 생물학, 지구과학, 지리학, 천문학, 생물학 등 다양한 분야에 증강현실 콘텐츠를 제공하고 있다. 디바이스 화면을 통해 식물의 성장 과정, 태양계 행성의 종류와 정보, 인체 구조 등 과학과 관련된 정보를 증강현실로 생생하게 체험할 수 있다.

과학 교육용 앱 '사이언스 AR'(출처 : http://science-augmented-reality.blogspot.kr/2012/12/free-science-posters-augmented-reality.html)

GLASS(출처 : http://omnis.tistory.com/entry/Google-Glass-MS-Hololens)

　이런 증강현실 기술은 구글 글래스*와 같은 웨어러블 기기들과 함께 더욱 진화해 나갈 것으로 보인다. 아이패드나 스마트폰으로 보는 증강현실보다 구글 글래스와 같은 웨어러블 기계를 통해 본 증강현실이 현실감을 보다 증대시킬 것이기 때문이다.

　뉴캐슬 대학교 연구팀은 최근 증강현실 기술을 이용한 레이어 리얼리티 앱Layer Reality App을 개발했다. 이는 같은 장소에서 과거와 현재 즉 서로 다른 시대의 실상을 가상현실 기술로 동시에 보여준다. 만일 이 기술이 발전한다면 우리는 경복궁에 가서 현재의 경복궁과 과거 경복궁의 모습을 비교 체험하며 보다 생생한 현장 학습을 경험할 수 있을 것이다.

＊　구글 글래스 : 착용만으로 스마트 환경의 콘텐츠를 불러내는 안경이다.

증강현실 및 가상현실 기술은 어떻게 교실을 바꾸어 나갈까?

우리는 그동안 교과서를 통해 역사를 배워왔다. 아래 그림 중 왼쪽은 우리가 그동안 배웠던 교과서 중심의 학습 모습이다. '조선 시대의 가족 제도와 도덕, 풍습, 생활은 철저하게 유교적이었다.' 우리는 항상 글을 통해 배우고, 이를 철저하게 이해하거나 공감하지 못한 채 무작정 외워야만 했다.

하지만 AR과 VR 기술을 활용하면 학생들이 가상환경의 조선 시대 속으로 들어가 그들과 얘기를 나누어보는 등, 실제 생활상을 생생하게 체험할 수 있게 된다. 과연 어떤 교육이 더 효과적일까? 어떤 교육 방식이 체득하는 데 더 용이할까? 이 질문에 대한 답은 명백하다. 교과서만 읽는 역사 교육과 실제로 체험하는 역사 교육은 학생들의 참여와 몰입 면에서 많은 차이가 날 것이 분명하기 때문이다.

VR과 AR는 앞으로 분야를 계속해서 넓혀나갈 것이다. 농업과 관련된 교육에서도 VR · AR 기술 활용이 가능하다. 농산업에서는 품종을

조선 시대의 가족 제도와 도덕, 풍습, 생활은 철저하게 유교적이었다. 가족 제도는 가장을 중심으로 한 대가족 제도였으며, 효도를 다한 효자와 정절을 지킨 열녀는 국왕에 충성을 바친 충신과 같이 국가적으로 표창하였고 불효는 반역과 함께 최대의 죄악으로 다스렸다.

혈통과 가문을 중요시하여 동성 동본간의 결혼이 금지 되었고 혈통의 순수함을 지키기 위하여 적자와 서자간의 차별을 엄격히 하였다.

VS

교과서 암기형 학습　　　　　　　가상 체험형 학습

구별하는 법이 매우 중요한데, 이 품종 구별법을 실제 현장에서 배울 수 있는 건 매년 일정 시기에 한정되어 있다. 하지만 VR 기술 등을 활용하면 동일한 계절 환경의 가상현실 공간에서 적절한 품종의 모습을 3D로 생생하게 학습할 수 있다.

또한 학생들의 직업 체험 교육에서도 VR이나 AR 콘텐츠를 활용할 수 있다. 아나운서가 되고 싶은 학생은 실제 아나운서의 근무 환경과 업무를 생생하게 체험할 수 있고 건축가가 되고 싶은 학생은 건축 설계와 건축 현장을 체험할 수 있다. 이처럼 VR 및 AR 콘텐츠는 다양한 모습으로 교육과 결합해나갈 것이다.

진화하는 기술 보다
현실감 있는 교육

온몸이 가상현실을 느낀다면?

VR 및 AR은 시각과 청각 중심의 가상 체험을 가능하게 하는 기술이다. 때문에 사용자들은 이용시 멀미를 느끼기도 한다. 시각 정보와 몸에 전달되는 정보가 달라 평형 감각 등에 오류가 생겨 어지럼증을 느끼는 것이다.

최근 개발된 '테슬라 수트' 등의 가상 수트 기술은 이런 부분을 보완함과 동시에 시각과 청각을 넘어선 온몸으로 느끼는 가상현실을 가능하게 한다.

52개의 센서가 온도 변화나 바람의 느낌 등을 가상현실 영상 및 음향을 통해 생생하게 전달해준다. 아직 기술적인 한계가 남아있지만 가상 수트 기술의 발전은 가상현실과 접목되어 더욱더 생생한 가상환경을 제공할 것으로 기대된다. 가상 수트 기술의 발전은 우리 교실을 보

온몸이 가상현실을 느낀다면?

- 52개의 센서가 수트에 있어 온도변화 등의 감각을 VR 기계를 통해 느낄 수 있음
- 영국의 벤처회사 개발
- 가격 : 200만 원대
- 아직은 기술의 한계로 가격대비 높은 성능을 보이지 않는 것이 현실

가상 수트 기술의 발전
현실보다 실감나는 교실을
더욱 빠르게 가져올 수 있음

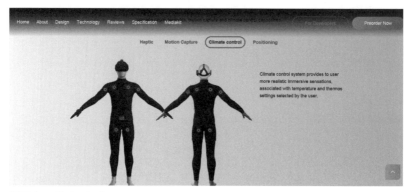

(출처 : https://teslasuit.io/)

다 실감나게 만들 수 있는 기술 환경을 제공해 줄 것이다.

전 세계 학생과 선생님을 연결, 양방향 수업이 가능한 텔레프레전스

'텔레프레전스telepresence'는 화상회의를 한 단계 끌어 올린 차세대 기술이다. 이는 참가자들이 실제로 한 방에 있는 것처럼 느끼게 해주는 가상 화상회의 시스템으로 가상현실 기술과 인터넷 기술의 결합이라 할 수 있다.

텔레프레전스 기술이 교육에 도입되면 온라인으로 수업에 접속한 학

텔레프레전스 전문 기업 '에듀모스' 수업 모습(출처 : 로켓펀치 사이트)

생들이 오프라인으로 수업을 듣는 듯한 느낌을 받게 할 수 있다. 기존의 온라인 화상 교육을 보다 현실감 있게 만들어주며 다른 곳에 있는 학생과 교사를 마치 실제 만나고 있는 것처럼 연결해주는 것이다. 위의 사진은 텔레프레전스 교육 전문 기업 '에듀모스'의 수업 모습이다. 개인 과외나 전문 자격 교육, 해외 학교와의 교류 등을 텔레프레전스 기술을 통해 배우고 있다.

해외 사례로는 원격 음악 교육의 대표 기관인 맨해튼 음대의 고해상도 영상 회의 시스템을 들 수 있다. 맨해튼 음대는 '폴리콤 텔레프레즌스'라 불리는 시스템을 사용해 원격 음악 교육 프로그램을 신설하여 전 세계에 걸친 음악가 양성 교육을 지원하고 있다.

텔레프레전스를 활용한 교육의 다른 말은 '티러닝T-Learning'이다. 전 세계 전문가들을 학생과 연결해 일방향이 아닌 양방향 수업을 진행하는 것이 텔레프레전스가 가진 큰 장점이다.

현재 텔레프레전스는 회의나 강연보다 무대 공연 분야에서 가장 활발하게 활용되고 있다. 세계 각국에 흩어진 사람이 한 무대에 모여 공연하는 수준까지 발전하고 있다.

공연에서 교육으로, 홀로그램 기술

홀로그램 기술 또한 상당한 발전을 보이고 있다. 홀로그램은 투명 스크린을 활용한 기술로, 인간의 착시 현상을 이용해 마치 무대에 실제 사람이나 사물이 있는 것처럼 느끼게 하는 기술을 말한다. 현재는 공연 및 문화영역에서 크게 있으며 특히 우리나라는 한류 열풍에 힘입어 홀로그램 기술을 적극적으로 추진하고 있다. 정부는 '2020년 홀로그램 세계 1등'을 목표로 적극적 투자에 나서고 있다.

정부 투자 및 민간 기업의 적극적인 참여는 한류 열풍을 중심으로 홀로그램 공연장의 성행을 이끌었다. 현재 가수 '싸이'와 같은 K-Pop 스타의 홀로그램 공연은 동대문 또는 에버랜드의 한류 전용 홀로그램 공연장에서 1~2만 원 정도의 입장료로 즐길 수 있다. 이런 프로그램은 관객이 실제 공연을 보는 것과 같은 느낌을 주기 때문에 한류 스타를 좋아하는 해외 팬들 대상의 관광 상품으로 특히 인기를 끌고 있다.

홀로그램의 기술을 교육에 활용하면 다양한 강의를 홀로그램 형식으로 진행할 수 있다. 교실 안에서도 우수한 강연이나 실제 체험형 콘텐츠들을 볼 수 있는 것이다. 예를 들어 교실에서 빌 게이츠나 오바마 대통령, 마크 저커버그의 특강을 홀로그램으로 들을 수 있게 되고 동물들이 교실에 등장해 살아 움직이거나 지구와 화성 등 태양계 행성들이 교실을 수놓는 모습을 기대할 수 있다. 교실이 생생하게 변모할 수 있는 무궁무진한 잠재력의 기술이라 하겠다.

디지털 콘텐츠와 자연스런 상호 작용

동작 인식 기술 또한 매우 빠르게 발전하고 있다. 동작 인식 기술은 음성 인식 기술과 더불어 시장 내 기업들이 치열하게 경쟁하고 있는 분야이다. 2013년 3월 구글은 동작 인식 전문 기업 '플러터'를 인수했다. 플러터는 웹캠 등을 이용해 사람의 동작을 인식하고 음악, 영화 등의 재생을 제어할 수 있는 기술을 지닌 기업이다. 동작 인식 기술에 많은 투자를 하고 있는 또 다른 기업으로는 '인텔'을 꼽을 수 있다. 인텔은 동작 인식 기업들에 투자를 하고 있을 뿐 아니라 '리얼 센스'라는 브랜드의 동작 인식 기술을 독자적으로 개발하여 제공하고 있다.

리얼 센스는 손의 움직임과 얼굴 인식, 제스처 인식 등을 포함한 포괄적인 동작 인식 기술이다. 현재 동작 인식 기술이 가장 많이 활용되는 분야는 게임이며 대표적인 예로 키넥트 기술을 활용한 '닌텐도 Wii'가 있다.

교육에서도 동작 인식 기술의 본격적인 활용을 기다리고 있다. 제스처 베이스트 러닝의 등장은 동작 인식 기술을 활용하여 학습자의 동작에 따른 적절한 콘텐츠의 제공을 가능하게 한다. 또한 동작 인식 기술을 활용해 일정한 패턴의 동작을 유도해 움직임이 체화되는 학습이 가능하다. 예를 들어 수화 등을 배울 때, 학습자의 수화가 올바른지를 판단하여 지속적으로 올바른 수화를 체득할 수 있도록 강화시킬 수 있다.

현재는 수학 교육을 보다 재미있게, 체육 수업을 더욱 생생하게 하기 위해 부분적으로 활용되고 있지만 앞으로 많은 분야에서 가상현실, 증강현실과 결합해 더욱 현실감 있는 교육 현장을 제공할 것임이 분명하다. 아직 인지 및 기억 중심의 가상현실 콘텐츠가 대부분이지만, 동작 인식 기술과 가상현실 콘텐츠가 결합하면 직접 행동으로 익힐 수 있는 학습이 가능해진다.

동작 인식 기술을 활용하면 학습에 인명 피해의 위험이 따르는 문제를 극복할 수 있다. 재난 상황에서의 대처 방법을 위험부담없이 익힐 수 있다거나 조종사의 탈출 훈련들이 가능하다.

또한 조종사, 우주 비행사, 군사 훈련 등 고비용 교육을 대체해나갈 수 있을 것이다. 공군 조종사 한 명을 육성하는 데에는 공군 사관 학교 기준으로 4년에 2억 7천만 원이 들어간다. 앞으로는 각종 비싼 장비를 구매하고 운영하는 비용들을 가상현실을 활용한 교육을 통해 절감해 나갈 수 있을 것으로 기대된다.

현실감 있는 교실로 이어질 수 있는 기술들은 아직 발전 과정에 있다. 일부 기술은 그 비용이 너무 높아 교육으로 넘어오기에는 다소 시간이 걸릴 수 있다. 하지만 관련 기술들은 점점 교육 현장으로 다가오고 있으며, 이런 과정을 통해 우리는 그동안 교실과 강의실에서 불가능했던 일들을 실제로 만들어 갈 수 있을 것이다. 이를 통해 보다 생생한 교육 현장과, 말로만 그치는 주입식 교육이 아닌 실제 체험을 실현하는 살아있는 교육을 경험할 수 있을 것이다.

에듀테크 교육혁명 Ⅲ

학생이 교사가 되고
교사가 학생이 되는 세상

미래학자들은 2020년에 이르면 73일마다 지식의 양이 두 배로 증가할 것이라 예측하고 있다. 이런 지식 홍수의 시대에서 교사 한 명의 지식만으로 학생들을 가르치기에는 무리가 있다. 소셜 미디어의 발전은 언제든 교사가 학생이 되고 학생이 교사가 될 수 있는 세상을 만들어가고 있다.

에듀테크에 있어 소셜 러닝은 중요한 축으로 자리하고 있다. 다양한 사람들의 지식과 경험을 연결하고 공유하며 함께 창조하는 기술들이 증가했기 때문이다. 이 장에서는 소셜 러닝이 에듀테크를 만나 어떻게 발전하고 있는지에 대해 알아보고자 한다.

소셜 미디어의 발전 및
교사와 학생의 경계 파괴

교사와 학생의 경계 파괴

아프리카 TV 최고 영어강사이자 VJ인 디바제시카를 알고 있는가? 애청자 36만 명에 누적 시청자 4천만 명으로 영어 학습 BJ 1위를 차지한 디바제시카는 인터넷 영어 학습 방송만으로 매년 수억 원대 수입을 올리고 있다.

과거에는 교사 중심으로 학교에서 영어를 가르치는 것이 유일한 콘텐츠 전달 방법이었지만 이제는 학원이나 이러닝 사이트로 영어 콘텐츠 공급원이 이동하고 있다. 지금까지도 콘텐츠 공급 주체의 확장이 있어왔지만, 다양한 변화 속에서도 바뀌지 않았던 것이 있다면 강사 중심의 일방향 콘텐츠 전달 체계였다. 그러나 아프리카 TV와 같은 다중 채널 네트워크 서비스, 트위터나 페이스북 등의 소셜 네트워크 서비스 등장은 강사 중심의 일방향 전달 체계가 아닌 양방향의 전달 체계를 구현해냈고, 잘 가르칠 수만 있다면 누구나 선생님이 될 수 있는 시대를 열었다.

디바제시카는 금융권 회사에 다니면서 1인 방송을 시작했으나, 시청자의 뜨거운 반응에 힘입어 회사를 그만 두고 방송에 전념했다. 영어 선생님의 꿈이 있어서라기보다 그냥 재미로, 여러 사람과 자신의 지식을 공유하고 싶다는 의도로 시작했던 1인 방송이 그녀를 대한민국에서 가장 유명한 영어 선생님 중 한 명으로 만들어주었다. 소셜 네트워크가 발전하지 않았다면 불가능했을 일들이 이제는 자연스럽게 일어나고 있는 것이다.

디지털 환경의 변화와 다중 채널 네트워크 서비스, 소셜 미디어의 발전은 누구든 좋은 콘텐츠를 만들 수 있으면 나이, 성별, 국적, 학력에 상관없이 선생님이 될 수 있는 시대를 열었다. 누구나 클릭 한번으로 이들의 콘텐츠를 배울 수 있는 세상으로 변화하고 있는 것이다. 누구나 선생님이 될 수 있고 누구나 학생이 될 수 있는 세상으로 변화하고 있음을 주목해야 한다.

소셜 미디어의 발전

소셜 미디어란 트위터, 페이스북과 같은 소셜 네트워크 서비스$_{SNS}$*를 사용하는 이용자들이 서로 정보를 공유하고 네트워크를 늘려갈 수 있는

---

* 소셜 네트워크 서비스(SNS) : 'Social Network Service'의 약어로 특정 관심 분야나 모임을 중심으로 활동을 공유하는 사람들의 관계를 온라인 상으로 연결해 주는 서비스를 의미하며 트위터나 페이스북 등의 서비스가 대표적이다.

플랫폼을 의미한다. 매스미디어 시대에는 소수의 제작자가 콘텐츠를 생산하여 대량 복제를 통해 유통했다. 소셜 미디어의 발전은 정보 제작자와 소비사의 경계를 허물고 콘텐츠의 제작과 유통 비용을 급격하게 낮추어 정기적인 콘텐츠(일간, 주간, 월간)와 소비자들의 연결이 아닌 실시간 정보 연결 체제로 세상을 보다 가깝게 만들고 있다.

저자 역시 5~7년 전만 해도 매일 챙겨보던 종이 신문을 이제는 거의 보지 않는다. 최근에는 네이버나 다음에서 포털 뉴스를 접속하는 횟수도 눈에 띄게 줄었다. 반면 소셜 미디어인 페이스북이나 핀터레스트 등을 통해 원하는 정보들을 골라 접하는 일이 많아졌다. 소셜 미디어 안에서는 정보의 수준이나 깊이를 원하는 수준으로 조정할 수 있기 때문이다.

정보 기술의 발전으로 이제는 동영상, 이미지, VR까지도 소셜 미디어를 통해 다양하게 접할 수 있게 되었다. 그동안 교육 관련 뉴스, 교육 관련 세미나 정보, 교육 프로그램의 요약 내용, 해외 트렌드 등을 포털에 검색하고, 월간지를 구입하고, 세미나에 참석하고 포럼에서 발제해왔으나 이제는 소셜 미디어를 통해 대부분 해결 가능한 세상이 온 것이다.

소셜 미디어는 소셜 저널리즘을 중심으로 성장하고 있다. 대표적인 소셜 저널인 「허핑턴포스트」는 블로그 미디어로 시작해 참여형 소셜 뉴스 전략을 바탕으로 페이스북 등 소셜 미디어와 연계하여 발전해왔다. 2011년에 「뉴욕타임즈」를 제치고 미국에서 가장 많이 찾는 온라인 매체로 선정되었으며 2011년 2월에는 3억 달러 이상의 가격으로

AOL*에 매각되었다. 또한 2012년에는 언론계 최고의 상이라 불리는 퓰리처상까지 수상했다.

소셜 미디어가 각광받는 분야는 저널리즘뿐이 아니다. 많은 기업들이 소셜 미디어를 다양한 홍보 마케팅의 수단으로 활용한 지 오래이다. 소셜 미디어를 통해 소비자들에게 더 가깝고 친근하게 다가가는 한편 기업 이미지를 개선하고 상품을 홍보하려는 노력을 적극적으로 기울이고 있는 것이다. 한 조사에 따르면 TV와 신문 같은 매스미디어 광고의 소비자의 신뢰율은 14%인 반면, 소셜 미디어 이용자의 신뢰율은 78%에 달한다. 이런 이유로 기업들은 일방향이 아닌 양방향의 커뮤니케이션에 대한 투자를 지속적으로 늘리고 있는 상황이다.

소셜 미디어는 이제 우리 생활에 없어서는 안될 중요한 존재로 자리 잡았다. 사람들은 모바일을 통해 정보를 습득하고, 소통하고, 참여하는 것에 익숙하다. 자신의 일상을 소셜 미디어를 통해 공유하고 새로운 정보를 전달하며, 소셜에서 만난 사람들과 오프라인 상에서 만나는 것이 자연스런 삶의 형태가 되었다. 소셜 미디어의 대표적인 기업 페이스북의 월간 사용자 수는 2016년 11월 기준 18억 명에 달한다. 이는 인터넷 인구 30억 명 중 절반 이상이 페이스북을 사용하고 있다는 의미이다. 스마트폰의 보급과 인터넷 인구의 확장은 앞으로 페이스북 등의 소셜 미디어를 더욱더 성장하게 만들 것이다.

---

* AOL : America On-Line의 약어로 인터넷 서비스를 주력으로 하는 미국 기업으로 2000년 타임워너에 인수된 기업이다.

교육과
소셜 미디어의 결합

교육과 소셜 미디어는 왜 결합하는가?

아래 그림은 소아과의 진단 및 치료 노하우를 공유하는 소셜 러닝 플랫폼 '오픈 소아과'이다. 이 사이트는 매년 700만 명에 이르는 아이들이, 치료 가능한 질병을 앓다 죽어가는 것을 안타까워한 번즈 박사

OPEN pediatrics(출처 : Openpediatrics.org)

에 의해 탄생했다. 오픈 소아과는 소아과 소속의 의사, 간호사, 의료 전문가들을 위한 무료 학습 플랫폼으로 최신 치료법과 사례들을 전 세계로 공유해 소중한 아이들의 생명을 살리고자 하는 취지로 만들어졌다. 2008년 첫 해에는 4천 명 이상의 전문가들이 이 사이트를 활용해 의료 지식과 정보를 공유했으며 이를 통해 전 세계 아이들의 소중한 생명을 살려낼 수 있다. 번즈 박사는 "우리의 목표는 무크처럼 여러 사람들이 넓고 얇게 배우는 것이 아닌, 좁고 깊게 배우는 것이었습니다"라고 말했다. 오픈 소아과는 소셜 미디어가 교육적으로 강력히 힘을 발휘할 수 있음을 보여주고 있다. 소셜 미디어와 교육의 결합은 기술의 발전과 사람들의 라이프 스타일의 변화에 따라 더욱 그 필요성이 높아지고 있다.

소셜 미디어는 왜 교육과 결합해야 하고, 또한 결합할 수 밖에 없는가? 우리는 이 질문을 살펴볼 필요가 있다.

급속도로 방대해지는 지식의 양이 교육 채널로서의 소셜 미디어를 필요로 하고 있다. 최근 지식의 양은 오늘의 정보가 내일의 유물이 될 정도로 급격히 증가하고 있다. 빠른 환경 변화와 기술의 발전이 하루에 생산되는 새로운 지식의 양을 기하급수적으로 증가시킨 것이다.

교육과 소셜 미디어의 결합이 필연적인 이유가 바로 여기에 있다. 기존의 콘텐츠 공급 방식으로는 현재 지식 증가의 양과 속도를 따라잡을 수 없다. 교사가 4년 동안 공부하고 익혔던 내용을 학생들에게 가르칠 시기가 되면, 당시 배웠던 지식 중 많은 부분들이 학습할 필요가 없는 진부한 지식이 되어버리는 것이다. 온라인으로 교육 프로그램을

만들더라도, 2~3개월의 제작 기간 동안 노후화될 정도로 지식의 속도
와 양은 급속도로 증가하고 있다. 이런 지식의 속도와 양에 따라가기
위해서는 실시간의 지식 유통 경로가 필요하다. 한 사람에 의존하는
콘텐츠 생산 구조가 아닌 집단으로 콘텐츠를 생산해낼 수 있는 채널이
필요한데, 이런 부분을 해결해 줄 수 있는 대안이 바로 소셜 미디어인
것이다.

'에듀클리퍼'는 강사와 학생이 다양한 자료들을 공유하고 개인별 페
이지에 저장할 수 있는 사이트이다. 방대한 양의 정보가 빠르게 증가
하는 교육 환경 속에서 참여자 스스로 자료를 생성하고 공유할 수 있
어 사용자들이 지속적으로 늘어나고 있다. 과거에는 교사가 수업을 준
비하기 위해 혼자 학습 자료나 참고 자료들을 만들었지만 이제는 이러
한 플랫폼을 활용해 모두 함께 양질의 교육을 위한 자료를 만들 수 있
게 된 것이다.

'유데미'는 누구나 강사가 되고 누구나 학생이 되는 플랫폼을 지향

에듀클리퍼(출처 : educlipper.net)

'유데미'와 '에어클라스'

한다. 이곳은 2만 명 이상의 강사와 4만 개 이상의 강의 콘텐츠를 자랑한다. 한국어를 포함한 80개의 언어로 서비스되고 있으며 요가, 퍼스널 브랜드, 사진 촬영 기법 등 다양한 분야의 강의가 올라와있다. '당신의 아카데미'를 모토로 1,200만 명 이상의 수강생을 보유한 사이트로 유명하다.

'에어클라스'는 한국판 유데미라 말할 수 있다. 2015년부터 서비스를 시작했으며 1,000 여 개 이상의 콘텐츠를 보유하고 있다. 큐브 맞추기, 육아, 어학 등 유데미와 마찬가지로 다양한 분야의 콘텐츠를 제공한다.

유데미와 에어클라스 같은 교육 플랫폼이 등장한 이유는 앞서 설명한 것과 비슷하다. 빠르게 늘어나는 지식의 속도와 양을 교육 기관의 자체 제작만으로 따라갈 수 없는 것이다. 이들은 콘텐츠 제작에 대중을 참여시켜 방대하고 빠른 지식의 양과 속도를 따라잡고자 하였다. 이 둘은 엄밀히 말해 소셜 미디어가 아닐 수 있지만 콘텐츠의 생성이 자유롭고 좁고 깊은 콘텐츠들이 서비스된다는 점에서 소셜 미디어의 성격을 많이 지닌 이러닝 사이트라 할 수 있다.

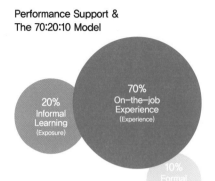

**Performance Support &
The 70:20:10 Model**

70%
On-the-job
Experience
(Experience)

20%
Informal
Learning
(Exposure)

10%
Formal
Learning
(Education)

둘째, 인포멀 러닝의 중요성이 증가하고 있다.

옆 모델은 최근 인재 육성HRD* 분야에서 가장 뜨겁게 대두되는 702010모델이다. 702010은 학습의 10%는 교육을 통해, 20%는 타인과의 대화나 코칭을 통해, 70%는 실제 경험을 통해 이루어진다고 역설한다. 이는 성공한 관리자들의 자기계발에 대해 연구하던 창조적 리더십 센터의 모건 맥콜 교수 팀의 조사 결과이다. 이 모델은 성인의 학습 중 강의실에서 이루어지는 것은 10%에 불과하고 나머지 90%는 포멀한(정형화된) 환경이 아닌 인포멀한(비정형화된) 환경에서 이루어진다는 것을 강조함으로써, 그동안 10% 밖에 안 되는 강의실 학습에 80% 이상을 투자했던 평생 교육 종사자들에게 경종을 울렸다. 이 모델의 영향으로 인재 육성 분야 및 평생 교육 분야에서 인포멀 러닝의 중요성이 갈수록 증대되고 있다.

다음 그림과 같이 초보자들에게는 교실에서의 수업이 분명히 효과적이다. 학교에 다니는 학생들에게도 교실 수업이 인포멀 러닝보다 효과적일 수 있다. 하지만 전문가로 성장함에 따라 교실 수업이 아닌 인

---

* 인간개발지수(HRD) : Human Resource Development의 약어이다. 인적자원개발이라는 의미로 기업에서 인재를 육성하는 일을 뜻한다. 인사업무(HR)는 크게 HRM(Human Resource Management)과 HRD과 나뉜다. 인사업무는 채용 - 육성 - 평가 - 보상의 사이클을 그리는데, 이 중 육성 부분을 HRD, 나머지 채용, 평가, 보상 부분을 HRM이라 한다.

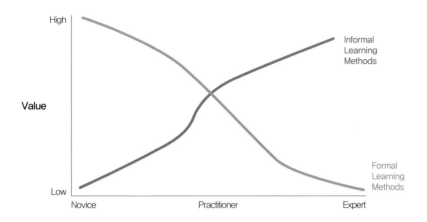

포멀 러닝의 가치가 중요해진다. 현재 기업 현장에서는 강의실 수업만을 지나치게 중시한 나머지 문제 해결의 최고 전문가인 전략기획팀의 박 과장과 문제 해결에 대해선 전혀 모르는 전기기술팀 최 과장을 한 강의실에 몰아넣고, '과장의 역량 향상 과정'이란 주제의 강사 수업을 듣게 하는 것과 같은 일이 흔히 일어난다. 이것이 과연 두 사람 모두에게 실질적으로 도움이 되는 교육일까? 이미 문제 해결의 최고 전문가인 박 과장에게는 인포멀 러닝을 활용한 코칭이나 멘토링 또는 프로젝트 학습 등의 새로운 방식을 적용하는 것이 더 나은 교육이지 않을까?

물론 지금의 교육 방식이 중요하지 않다는 뜻은 아니다. 지금의 교육 방식은 새로운 지식을 전달하거나 학습자가 초보자 수준일 때, 매우 효과적일 수 있다. 중요한 것은 앞으로 교육에 접근할 때 과거처럼 강의장에서의 수업만을 고려할 것이 아니라 교육, 연결과 피드백, 경험이라는 세 가지 기둥을 모두 고려해야 한다는 것이다.

현재와 같은 기술 발달 이전에는 비정형 상시 학습의 접근이 쉽지

교육의 세 가지 기둥

않았다. 과거 오프라인 중심의 환경의 인포멀 학습을 위해서는 오프라인 모임에 자주 참석하고 적극적으로 사람들과 미팅 자리를 마련하는 등, 비정형 상시 학습을 위한 시간과 비용 투자 외에도 많은 노력이 필요했다. 하지만 모바일 기술의 발전과 소셜 미디어의 발전은 비정형 상시 학습을 위한 네트워크를 자유롭게 만들어주었다. 이제 우리는 클릭 한번으로는 관심사가 같은 자신이 원하는 사람들과 연결될 수 있는 것이다.

모바일과 소셜 미디어는 인포멀 러닝에 최적화된 교육 환경이라 말할 수 있다. SNS 등을 통해 다양한 플랫폼에 손쉽게 다가갈 수 있고, 이를 통해 다양한 지식들을 실시간으로 생성하고 공유할 수 있다. 인포멀 러닝의 중요성 중가와 모바일 및 소셜 미디어의 발전이 교육과 소셜 미디어의 결합을 더욱 가속화시키고 있는 것이다.

셋째, 기존의 교육 기관들은 투자 대비 수익성 때문에 좁고 깊은 콘텐츠를 공급할 수 없다. 예를 들어 학습자들이 '오답 노트 작성법'에 대해 알고 싶다고 했을 때, 교육 기관은 이 프로그램을 바로 만들지 못한다. 교육 프로그램을 즉각적으로 만들기 위해서는 우선 초기 투자가 필요하고, 그 후 프로그램을 운영하기 위한 충분한 인원이 구성되어야 하기 때문이다.

만약 오답 노트 작성법이라는 콘텐츠는 1백 명 이상의 수요가 모여

야만 프로그램 제작이 가능하고 만약 이 콘텐츠에 대한 수요가 부족하다고 판단되면 다른 수요층을 끌어오기 위해 오답 노트 작성법뿐만 아니라 학습 계획 수립 방법, 예습 방법, 복습 방법까지 포함된 '공부법'이라는 프로그램을 만들게 되는 것이다.

현재 구조로는 학습자들이 원하는 세밀하고 심화된 학습 영역에 접근하기 어렵다. 그러나 소셜 미디어는 이런 학습을 가능하게 만들어 준다. 오답 노트 작성법이 궁금하다고 소셜 미디어에 올리기만 하면 이 분야의 전문가와 바로 연결돼 적절한 방법을 제시받을 수 있는 것이다.

교육 공급자들이 세밀하고 심화된 콘텐츠를 만들지 못하는 또 다른 이유는 즉각적인 콘텐츠 제공의 어려움 때문이다. 교육 프로그램을 만들기 위해서는 분석, 설계, 개발을 위한 시간이 필요하다. 예를 들어 가상현실 콘텐츠 현황에 대해 궁금해하는 학습자의 수요가 발생했다고 했을 때, 이를 수용하여 프로그램이 나오기까지는 최소 1개월에서 길게는 6개월 정도의 시간이 필요하다. 그렇게 되면 지금과 같이 빠르게 기술이 발달하는 시기에는 콘텐츠가 출시되었을 때는 이미 진부한 콘텐츠가 될 가능성이 높다.

이런 이유로 소셜 미디어와 교육의 결합에 대한 목소리가 점점 높

학습자의 변(辨)	Q. 언제까지 콘텐츠를 기다려야 하나요?			
기관의 변(辨)	평균개발기간			
	1~2개월	1~2개월	1~2개월	
	Analysis ▶	Design ▶	Development ▶	Implementation ▶ Evaluation

아지고 있다. 즉각적인 콘텐츠 제공과 세밀하고 심화된 콘텐츠에 대한 수요의 증가는 소셜 미디어와 교육의 결합을 더욱 증대시켜 소셜 러닝이라는 새로운 분야를 만들어냈다.

아래는 선마이크로시스템즈의 사내 지식 공유 플랫폼인 '선 러닝 익스체인지Sun learning eXchange'다. 이 플랫폼은 구성원들이 자유롭게 동영상, 문서, 음성 등의 교육 정보를 직접 제작해서 올리고, 편집하고, 공유할 수 있도록 한 플랫폼이다. 사내 직원들뿐만 아니라 외부에도 오픈되어 있으며 다양한 콘텐츠가 올라와있어 직원들의 자기 개발에 도움을 주고 있다. 인재 육성 분야에서 성공 사례로 자주 소개되는 플랫폼이기도 하다.

이 플랫폼은 회사에서 제공한 콘텐츠만으로는 직원 육성의 필요성

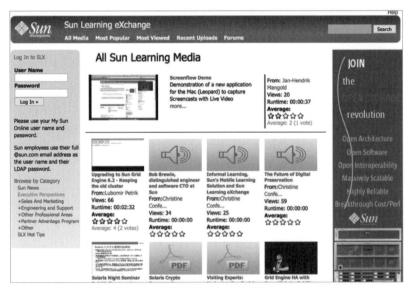

선마이크로시스템즈의 사내 지식 공유 플랫폼 '선 러닝 익스체인지'(출처 : Sun learning eXchange)

을 더 이상 해결할 수 없음을 인정하고, 회사 업무와 관련된 학습이 대부분 직원들 간의 비공식적인 접촉을 통해 이루어진다는 점을 착안해, 직원들이 서로 선생님과 학생이 될 수 있는 정보 공유의 장을 만들어 큰 성공을 이룬 사례라 할 수 있다.

앞에서 살펴본 세 가지 이유, 다시 말해 기존의 정형적인 학습만으로는 지식의 양과 속도를 따라잡을 수 없고, 인포멀 러닝의 수요가 증가하고 있으며, 세밀하고 심화된 콘텐츠의 생산에는 한계가 있기 때문에 교육은 소셜 미디어와 결합해 소셜 러닝 분야의 활성화를 불러오게 될 것이다.

교사의 콘텐츠 공급만으로는 소셜 러닝의 발전에 한계가 있는 것은 자명한 사실이다. 이제 소셜 러닝 플랫폼을 기반으로 학생도 콘텐츠를 만들고, 모두가 교사이자 학생이 되는 세상이 오고 있다. 교사와 학생의 경계가 허물어지고 누구에게나 배울 수 있는 시대가 열린 것이다.

소셜 러닝과
에듀테크

에듀테크 성장의 한 축, 소셜 러닝

소셜 러닝은 소셜 미디어와 교육의 결합을 일컫는 용어이다. 교육과 소셜 미디어의 만남은 과거엔 불가능했던 연결과 공유를 가능하게 하고, 새로운 지식을 창조하는 단계까지 이르렀다. 그렇다면 에듀테크 기반의 소셜 러닝은 어떻게 발전하고 있을까? 지금부터 다양한 에듀테크 운영 사례와 함께 살펴보기로 하자.

연결

소셜 미디어의 특징인 '연결'을 중심으로 다양한 에듀테크 기업들이 등장하고 있다. 우리나라의 대표적인 에듀테크 기업으로는 '바로풀기'를 들 수 있다. 바로풀기는 학생이 모르는 문제를 사진으로 찍어 바로풀기 앱에 업로드하면 문제를 아는 사람이 풀어주는 형식이다.

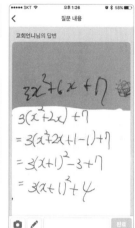

바로풀기(출처 : 바로풀기 사이트)

명쾌하고 간단한 개념인 이 플랫폼은 회원 수 41만 명, 하루에 업로드 되는 질문 4천여 개, 누적 질문 수 2천 6백만으로 우리나라 에듀테크를 대표하는 앱으로 성장하고 있다. 더 놀라운 것은 질문이 등록되고 답변이 달리기까지 대략 17분 밖에 걸리지 않는다는 점이다. 덕분에 학생이라면 꼭 이용해야 할 앱으로 각광받고 있다.

바로풀기는 이런 성공을 바탕으로 '바로단어장(영어 단어를 쉽게 단어장으로 만들 수 있는 앱)', '바풀공부방(스마트폰 과외 서비스)' 등으로 서비스를 확장하고 있으며 일어, 중국어 등의 다양한 버전을 제작해 해외 서비스도 강화하고 있다.

바로풀기와 유사한 또 다른 사이트로는 '케미스터디'가 있다. 이 사이트 역시 회원 수를 확장 중에 있다. '서울대 과외 앱'이라는 슬로건을 걸고 있는 케미스터디는 문제를 찍어서 올리면 서울대 학생들이 답변을

케미스터디(출처 : 케미스터디 홈페이지)

직접 달아주는 것으로 차별화를 두고 있다. 또한 월 9,900원을 내면 서울대 학생들의 강의를 무제한으로 볼 수 있다는 강점이 특징이다.

케미스터디와 바로풀기는 연결이라는 소셜 미디어의 특성을 활용해 교육이 필요한 곳과 공급이 가능한 곳을 온라인 상으로 연결해 가치를 창출하고 있다. 즉 온라인 공간의 다양한 네트워크 망 속에서 교사와 학생을 연결하고 정보를 교환할 수 있는 공간을 만들어 플랫폼 내에서 크고 작은 교육이 이루어질 수 있도록 하고 있는 것이다.

연결의 힘을 강조하고 있는 대표적 해외 사이트로는 '라이브모카'를 들 수 있다. 외국어 학습을 원하는 사람들끼리 1:1로 매칭하여 서로 언어를 가르쳐 주고 배울 수 있도록 하는 사이트이다. 예를 들어 한국어를 배우고 싶은 미국인과 영어를 배우고 싶어하는 한국인을 연결해주는 형식으로 원하는 외국어에 따라 친구를 맺고 서로 선생님과 학생이 되어 학습을 진행할 수 있다.

2007년 서비스를 시작한 이래 2백여 나라에서 1천만 명 이상이 사용하였으며, 2013년에는 세계적인 어학 교육 그룹 로제타스톤에 매각되었다. 현재는 이용이 중단되었지만 이런 시도는 연결이라는 특성을 잘 살린 좋은 예가 될 수 있을 것이다.

100여 개국 20만 이용자를 확보한 '디비 잉글리쉬' 사이트 또한 연결을 통해 학습효과를 극대화하고 있다. 비디오 영어 사전이란 컨셉으로 출발한 이 서비스는 단어가 들어있는 동영상을 검색해주는 서비스이다. 인공지능 알고리즘을 통해 수준에 맞는 영어 문장을 검색할 수 있으며 학습자가 어플리케이션 검색창에 단어를 검색하면 인터넷상의 동영상에서 해당 단어가 나오는 장면을 볼 수 있다. 단어가 실제 상황에서 어떻게 쓰이는지 생생하게 볼 수 있다는 것이 장점이다.

공유

학교에서는 준비물이나 공지 사항 등을 알림장에 써서 학부모와 선생님 그리고 학생이 함께 소통하곤 한다. '알림장을 앱으로 만들면 어떨까?'라는 생각에서 출발한 서비스가 '클래스팅'이다.

알림장을 앱으로 서비스해 학부모, 교사, 학생의 활발한 공유를 돕는 서비스를 시작으로 선생님과 1:1로 상담할 수 있는 비밀 상담방, 과목별 게시판 서비스, 타학급과의 교류, 과제 제출 및 취합까지 다양한 기능을 이용할 수 있다. 학부모, 교사, 학생이 필요한 정보를 실시간으로 함께 공유할 수 있는 서비스이다.

'우리 반을 잇다'라는 모토를 가진 이 사이트는 현재 1백만 건 이상의 다운로드를 자랑하고 있으며 현직 교사가 만든 서비스답게 학교 생활에 필요한 부분을 적절히 반영했다.

유용한 수업 도구를 표방한 '클래스 123'은 알림장 외에도 다양한 기능들이 있는 앱이다. 실제 수업에 필요한 도구들을 하나의 앱으로 통합했다는 느낌이 든다. 보드를 통해 공지 사항을 공유하고 출석 체크도 터치 한 번으로 완료할 수 있으며, 상점과 벌점 제도 역시 재미있게 구성하여 공유할 수 있다. 과제 제출 및 통합 기능 또한 갖추고 있다.

선생님, 학부모, 학생용 앱을 별도로 구성하여 맞춤형 서비스를 제공하는 것 또한 큰 장점이다. 토론자 선정하기, 그룹 구성하기, 급식 순서 정하기 등 실제 오프라인 교실에서 일어나는 일들을 디지털 환경에서 재구성해 재미를 더했다. 현재 전체 초등학교의 15% 정도가 이 앱을 사용 중이며, 1백만 이상의 회원을 보유하고 있다. 교실의 디지털화를 지원하여 강의장에서 일어나는 다양한 활동들을 앱 하나로 통합 관리할 수 있어 유용하다.

클래스 123(출처 : 클래스 123 어플리케이션 캡처)

창조

소셜 러닝의 많은 서비스들이 연결하고 공유하는 기능을 중심으로 서비스되고 있다면, 여기에 그치지 않고 집단지성을 활용해 새로운 지식을 창출해낼 수 있도록 지원하는 서비스도 있다. '위키피디아'가 대표적인 예이다. 이는 사용자 누구나 자유롭게 내용을 수정하고 편집할 수 있는 인터넷 백과사전으로, 개인의 지식들이 모여 하나의 종합적인 지식으로 탄생해나가는 과정을 볼 수 있다. 2001년부터 시작된 이 사이트는 현재 2백여 개 나라에 제공되고 있으며 우리나라에서는 '위키백과'라는 이름으로 서비스되고 있다. 참여자 중 10% 정도는 지식의 수정과 편집에 참여하고 있으며, 악의적인 수정의 경우 곧바로 정정되는 자정 능력까지 갖추고 있다. 위키피디아는 명실공히 전 세계 최고의 백과사전으로 명성을 떨쳐나가고 있다.

'프로야구에는 왜 4할 타자가 없는가?'에 대한 궁금증을 풀기 위해 시작된 '백인천 프로젝트'는 카이스트 정재승 교수가 트위터를 매개로 관심있는 사람들을 모아 집단지성을 만들어 보자는 취지에서 출발했다. 일본은 한번도 나오지 않았고, 미국은 1941년, 한국은 1982년 백인천 이후로 나오지 않고 있는 4할 타자에 대한 궁금증을 풀기 위해 시작된 프로젝트이다.

이런 재미있는 질문에 답하기 위해서는 빅데이터에 대한 검증이 필요했다. 58명의 연구진은 역할을 나누고, 자료를 분석하고, 보고서를 작성하는 등 합심하여 작업을 진행했다. 4할 타자가 나오지 않는 이유가 게임 수의 증가 때문인지 투수력의 향상 때문인지, 타자들의 기술

하락 때문인지, 선발, 중간, 마무리 투수로의 역할 분배 때문인지 등 여러 가설들에 대한 데이터의 검증 작업을 바탕으로 공동 연구를 펼쳐나갔다. 결국 앞으로 4할 타자는 나오기 힘들 것이라는 연구 결과로 마무리됐지만 결론 자체보다 많은 연구진들이 함께 연구해 집단지성의 새로운 결과물을 냈다는 것에 의의가 있다.

소셜 러닝은 협업이 중시되는 사회적 분위기, 지식 양의 폭발적 증가 그리고 디지털 기술의 발전이라는 환경 아래 연결, 공유, 창조라는 방향으로 지속적으로 발전해나가고 있다. 이 흐름의 기저에는 '누구나 가르칠 수 있고, 누구나 배울 수 있다', 즉 '모두가 선생이 되고 모두가 학생이 된다'라는 가정이 깔려 있다.

실시간 소셜 러닝 채널, MCN의 등장

앞서 말한 소셜 러닝 플랫폼들이 모두 실시간으로 이루어지는 것은 아니다. 바로풀기의 평균 응답 시간이 15분 내외라 하지만 사람들은 실시간, 동시간의 현장감과 실제 상호 작용을 선호하기 때문에 새로운 소셜 러닝 플랫폼의 등장이 필요해졌다. 이에 적합한 소셜 미디어가 바로 '다중 채널 네트워크 서비스MCN'이다

MBC 인기 예능 프로그램인 '마이 리틀 텔레비전'으로 유명해진 개념인 MCN은 아프리카 TV, 트레져 헌터, 다이아 TV 등을 선두로 서비스 영역이 활성화되어 있다. 해외에서도 '메이커 스튜디오' 등이 성행

하고 있으며 이는 2014년 디즈니에 5억 달러에 인수될 정도로 새로운 미디어로 각광받고 있다.

MCN은 'BYOD'라 불리는 스마트 디바이스의 개인화와 영상 제작 기술의 발전으로 인해 누구나 쉽게 방송할 수 있는 환경, 즉 직접 참여하고 공유하려는 사회 분위기와 맞물려 폭발적으로 성장하고 있는 분야이다.

MCN은 기존의 Asynchronous 이러닝(미리 녹화하여 촬영 시간 이후에 시청하는)의 단점을 보완하고, 현장감과 즉시적 상호 작용이라는 요소를 가미해 새로운 교육 채널로 성장할 가능성을 보여주고 있다. 아프리카 TV의 교육 채널에는 낚시, 요리, 바둑과 같은 취미에서부터 일본어, 영어, 고시에 이르기 까지 다양한 채널이 방영되고 있으며 앞서 말한 영어 스타 강사인 디바제시카를 배출하는 등 그 영역을 확장하고 있다.

세계 최고의 미래학자 토마스 프레이는 15년 후 대학의 절반 가량이 문을 닫을 것이라 예상했다. 대학의 경쟁력이 계속해서 떨어지고 있기 때문이다. 전통적 학교의 경쟁력 쇠퇴 속에서 MOOC과 플립러닝, 나노디그리 등 다양한 시스템의 등장과 함께 전통적 학교를 대체할 대안 학교들이 설립되고 있다. 이에 대해 자세히 짚어보고자 한다.

전통적 학교의
종말

세계 최고의 미래학자라 불리는 토마스 프레이는, 앞으로 15년 후 대학의 절반 가량이 문을 닫을 것으로 전망하고 있다. 그는 대학의 경쟁력이 낮아지는 것이 근본적인 원인이라고 말한다. 이는 전 세계적인 학령 인구의 감소와 높아지고 있는 대학 학비 그리고 채용과 연계되지 않는 대학 교육으로 인해 대학에 대한 근본적인 변화 요구가 증가한 것이라 볼 수 있다. 하지만 경직된 구조의 현재 학교가 이런 변화 요구

**"앞으로 15년 후 대학의 절반 가량이
문을 닫을 것이다."**

· 미국의 학자금 대출총액 1조달러 돌파
· 2012년 미국 대학 졸업생 중 30만명 이상 최저
  임금 근무
· 코세라 설립 1년만에 학생 등록수 300만명 돌파
· 미국 대학의 43%, 2016년부터 MOOC 제공 예정

**"대학의 경쟁력이 떨어지는 것이
가장 큰 이유이다."**

KBS 오늘 미래를 만나다(출처 : KBS1 사이트)

에 부응할 수 있을지 의구심이 드는 실정이다.

무크의 등장

전통적 학교의 변화 요구에 불을 당긴 것은 '코세라', '에덱스', '유타시티'와 같은 무크MOOC의 등장이다. 언제 어디서든 스마트폰만 있으면 세계 최고의 콘텐츠를 지닌 하버드, 스탠퍼드, MIT의 강의를 들 수 있는 시대가 열린 것이다. 많은 전문가들이 무크의 등장이 지금까지의 교육 혁명 중 가장 파급력이 클 것이라 예측하고 있다. 실제로 이런 파급력은 무크의 가장 큰 사이트인 코세라에 설립한 지 일년 만에 3백만 명의 수강생이 등록하는 것으로 증명되었다.

한국에서도 국가평생교육원 주관으로 2015년 '케이무크K-MOOC'가 시범 사업으로 서비스되었으며, 이에 대한 반응도 상당히 컸다. 서울대, 고려대, 카이스트, 포항공대, 이화여대, 연세대, 성균관대, 부산대, 경희대 등이 참여해 온라인 무료 콘텐츠를 서비스했는데, 첫해에만 7만 2천 명이 수강을 신청했다. 이런 뜨거운 반응 덕에 첫해 27개로 시작한 강좌는 2016년에 이르러 1백 개 이상의 서비스로 늘어났으며 이 중 현재까지 가장 인기 있는 강좌는 서울대 이준구 교수의 '경제학 들어가기'이다.

해외 유학생이나 한류에 관심이 많은 외국인을 위해 한국학 및 한국어 강좌 또한 확대해나가고 있다. 중국의 대표 대학 중 하나인 청화

국가평생교육진흥원의 '케이무크'
(출처 : K-MOOC 사이트)

대의 강좌를 들을 수 있게 하는 등 행보를 넓혀가고 있는 상황이다.

실제로 이런 변화들은 대학과의 학점 교류로 확대되고 있다. 서울대의 경우 케이무크를 오프라인 수업과 연계하는 방안을 고려하고 있으며, 이화여대는 케이무크를 이수하면 별도 평가를 통해 학점을 부여하는 방안을 검토하고 있다. 케이 무크를 중심으로 우리 대학들도 변화의 행보를 넓혀가고 있는 것이다.

미국은 우리나라와는 달리 무크의 원조답게 코세라와 유다시티 같은 스타트업 중심으로 성장하고 있으며, 대학들도 함께 변화하며 발을 맞추고 있다. 이로 인해 '플립드 무크Flipped MOOC'라 불리는 프로그램들이 속속 등장하고 있는데 플립드 무크는, 무크에서 수업을 듣고 실습과 토론을 학교에서 진행하는 방식을 말한다. 미국 대학의 46%는 무크 수업을 제공하거나 플립드 무크 프로그램을 학교 수업과 연계시키겠다고 밝혔으며 우리나라도 카이스트 등에서 플립드 무크형 교육을 도입하여 시행하고 있다.

OECD 미래학교 시나리오

현상유지 시나리오	학교 재구조화 시나리오	탈학교 시나리오
1. 굳건한 관료적 학교 체제 유지	3. 핵심적인 사회 센터로서의 학교	5. 학습자 네트워크와 네트워크 사회
2. 시장모델로의 확장	4. 집중적인 학습 조직으로서의 학교	6. 교사탈출 – 붕괴 시나리오

경제협력개발기구OECD는 이런 변화를 감지하여 미래학교 시나리오를 내놓았다. 여기에는 현상 유지 시나리오도 있지만, 학교 재구조화 혹은 탈학교 시나리오 등 학교가 지금처럼 유지되지 않을 것이라는 시나리오가 힘을 얻고 있다.

현재와 같은 학교의 모습에서 어떤 형태로든 변화해나갈 것이라 예측하고 있는 사람들이 많은 것은 분명하다. 필자는 개인적으로 학교가 붕괴되지 않을 것이라 생각한다. 연구 기능과 같은 역할들은 앞으로 더욱 강화될 수 있을 것이기 때문이다. 다만 전통적인 학교의 모습에서 새로운 변화가 필요한 것은 명백한 사실이다.

무크는 대학의 기능 중 프로그램의 공급을 무너뜨리고 있다. 인터넷 환경과 무크의 발전으로 언제 어디서든 세계 최고의 강의를 내 스마트폰으로 편하게 들을 수 있는 시대가 도래했기 때문이다. 우스갯소리로 무크가 나오면 심리학을 강의하는 교수는 단 한 명이면 족하다는 얘기가 있다. 최고의 강의력을 자랑하는 한 명의 교수만 있다면, 이를 통해 전 세계 사람들이 그 강의를 들을 수 있기 때문이다.

전통적 학교의 종말이란, 콘텐츠 공급에 급급하여 연구 기능을 상실하고, 학생들에게 학위를 주는 역할에만 충실한 교실 수업 중심의 현재 학교가 사라지는 것을 의미한다.

교육학자 교육 목표

창조
평가
분석
적용
이해
기억

Based on an APA adaptation of Anderson, L.W. & Krathwohl, D.R. (Eds.)(2001)

(출처 : http://www.apa.org/ed/new_blooms.html)

대학 입장에서 이런 변화는 오히려 기회가 될 수 있다. 학교의 발전을 위한 인재 육성에 근본적인 변화를 가져올 수 있기 때문이다.

현재의 학교는 19세기 교실에서 20세기 선생님이 21세기 학생을 가르치고 있는 형태다. 기술환경을 보다 영리하게 이용해 맞춤형 수업의 제공, 다양한 소셜 러닝 기법의 활용, VR 및 AR 기술 등을 통한 보다 효과적인 교육으로 진화해야 함을 의미한다.

학교 교육의 형태 변화, 플립 러닝

또 다른 학교의 큰 변화는 '거꾸로 교실'이라 불리는 '플립 러닝'의 등장이다. 우드랜드 파크 고등학교 교사로부터 출발한 이 개념은 2007년 본격적으로 등장해 미국의 학교 교육에 파장을 일으키고 있다.

플립 러닝은 교실 현장을 더욱 효과적이고, 재미있고 몰입감 있게 만들기 위해 강의식 수업을 온라인 사전 학습으로 대체한다는 개념이다. 교실에서는 강의실 수업을 하고 집에서는 심화 학습을 하는 것이 기존의 수업 방식이었다면, 이제 반대로 집에서는 온라인으로 강의실 수업을 진행하고 교실에서는 교사 및 동료와 함께 심화 실습 학습을 진행한다는 점에서 플립Flip이라는 표현이 쓰였다. 즉 기존 교육을 뒤집는다는 의미에서 플립 러닝으로 불리고 있는 것이다.

2014년에 실시된 조사에 따르면, 교사 중 96%가 플립 러닝을 알고 있으며, 78%가 이를 실제로 사용하고 있을 정도로 미국 학교 내에서

글로벌 교육 트랜드로서의 Flipped Classroom의 확산

2007년 우드랜드 파크 고등학교의 교사인 Jonathan Bergman과 Arom Sam은 과학교과에 플립러닝을 접목, 이의 내용을 출간함으로 미국 전역에 엄청난 파장을 일으킴

미국중심의 플립러닝 확산 _ 미국 교사 대상 설문

Q. 플립러닝 인지도 　　 Q. 플립러닝 활용여부

73%　　96%　　48%　　78%

2012　2014　　2012　2014

대한민국 – 학교교육 중심으로의 확산

- 카이스트 : Education 3.0
- 유니스트, 서울대 등 도입/확산
- 중/고등학교 중심으로 지속적으로 확산 중
- KBS 거꾸로 교실의 마법 방영 등 이슈화

매우 큰 반향을 일으키고 있다. 또한 교사의 95%가 이 수업 방식을 긍정적으로 생각할 정도로 그 효과성이 이미 입증되었다고 할 수 있다.

학교에서 출발한 이 변화는 현재 대학까지 확장되고 있다. 우리나라에서도 '미래교실 네트워크'라는 교사 커뮤니티와 카이스트, 서울대, 유니스트 등을 비롯한 대학을 중심으로 이 변화가 빠르게 퍼져나가고 있다. 특히 카이스트는 '에듀케이션 3.0'이라는 개념을 도입해 교양 수업을 제외하고는 교실에서 강의식 수업을 진행할 수 없게 하고 있으며, 이를 통해 학생들은 교실 내에서 교수 및 동료와 실습형·토론형 수업을 진행하고 있다. 카이스트는 지속적으로 경쟁력 평가에서 최상위권을 보여주고 있고 여론 기관에서 실시하는 수업 만족도 및 교육 내용 만족도 등에서도 압도적인 점수를 보여주고 있다.

카이스트 강의실 모습
(출처 : http://m.chosun.com/svc/article.html?sname=news&contid=2015053101136)

새로운 프로그램과
학교들의 출현

진화하는 무크, 나노디그리 프로그램

대학의 경쟁력을 위협하는 프로그램으로 '나노디그리 프로그램'을 들 수 있다. 대학 공부가 꼭 4년이여야 할까? 우린 이런 궁금증을 가질 필요가 있다. 지금보다 변화가 느린 산업화 시대에는 대학 4년 동안의 공부만으로 충분했다. 하지만 지금과 같이 하루하루가 급속도로 변화하고 있는 환경에서는 4년 동안 배운 지식을 길어야 4~7년 정도 활용할 수 있다. 그 이후에는 또 새로 생겨난 지식을 배워야 하며 1, 2학년 때 배웠던 지식들이 졸업하는 순간 이미 진부한 지식으로 전락해버리는 경우도 있다.

대학의 이런 약점을 파고든 것이 나노디그리 프로그램이다. 무크 스타트업인 유다시티는 실리콘 밸리의 많은 혁신 기업들이 IT 인력 부족에 시달리는 것에 주목했다. 유다시티는 대학들이 이 문제를 해결하지 못할 것이라 생각했다. 대학 교육과 실제 현장 기술과의 차이가 존재하고(과거에는 대학이 지식을 주도했지만 실리콘 밸리를 중심으로 기업 현장에서 새로운 지식들이 발생하는 경우가 점차 증대되고 있다.) 기업들은 4년의 육성 기간을 기다려주지 못할 것이기 때문이다.

이런 문제점을 해결하기 위해 유다시티는 나노디그리 프로그램을 개발해 짧은 기간 동안 교육 내용을 마스터할 수 있는 온라인 프로그램을 만들었다. 주요 전공은 실리콘 밸리에서 많이 필요로 하는 웹 개발자, 모바일 개발자, 데이터 분석 전문가 과정이며 이 프로그램은 개설 후 현재까지 수천 명의 수강생을 확보할 정도로 매우 인기가 높다.

또 한 가지 눈여겨볼 나노디그리 프로그램의 특징은 세계 유수 기업과 채용이 연계된다는 점이다. 이 프로그램을 수료해야만 채용의 기회가 생기는 기업이 점차 늘어나고 있으며 대표적으로 구글, 페이스북, 에이티엔티가 일부 직종에서 이 프로그램에 동참하고 있다.

스타트업 기업인 무크가 프로그램을 만들고 기업들이 이에 동참해, 교육에서 직업으로 연결되는 새로운 프로그램을 학교 대신 만들어내고 있다는 점을 눈여겨보아야 한다.

3개월짜리 대학의 등장, 마이크로 칼리지

다음 그림은 '다빈치 코더스Davinci coders'라 불리는 마이크로 칼리지의 홈페이지 모습이다. 최고의 미래학 석학이라 불리는 토마스 프레이에

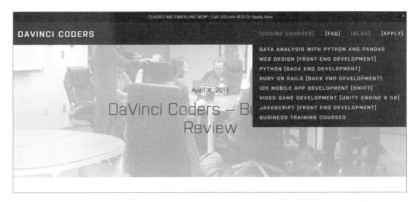

다빈치 연구소의 마이크로 칼리지 '다빈치 코더스(Davinci coders)'(출처 : 다빈치 코더스 홈페이지)

의해 설립되었으며 4년짜리 교육으로는 더 이상 빠른 변화를 따라갈 수 없다고 판단하여 만들어지는 짧은 기간의 마이크로 학위 프로그램이다. 데이터 분석, 웹 디자인, 게임 전문가 등 철저하게 직업과 연계된 학습을 진행하는 대학으로 콜로라도 주의 정식으로 인정된 미국 최초의 마이크로 학위 과정이다.

2012년에 설립된 이 학교는 바로 채용에 연계되는 프로그램을 목표로 하고 있으며, 최정예 전문가 양성을 목표로 하는 비영리 기관이다. 재취업과 직업 전환을 원할 때 최고의 프로그램이라 홍보하고 있으며, 1천 시간 정도의 학습을 집중적으로 진행하고 이를 기반으로 취업과 연계하려는 노력을 기울이고 있다.

이 프로그램을 수료한 졸업생의 75%가 현재 개발자로 활동하고 있을 정도로 취업 연계가 뛰어나다는 점이 특징이고, 프로그램 후 급여 상승을 경험한 사람이 44%에 이를 정도로 집중적인 직업 훈련 프로그램으로 성장해나가고 있다.

대안 학교의 등장

전통적 학교의 문제점들을 극복하기 위한 무크와 플립 러닝 외에도 다른 형태의 학교들이 생겨나고 있는데, 이것이 바로 대안 학교이다.

맞춤형 학교를 지향하는 알트 스쿨

유치원에서 중등학교까지의 대표적인 대안 학교로는 '알트 스쿨'을 들 수 있다. 페이스북의 마크 저커버그와 안드레센 호로위치, 오미디야르 네트워크, 파운더스 펀드 등 이미 여러 곳에서 알트 스쿨에 투자하고 있다. 알트 스쿨은 구글의 직원이었던 맥스 밴틸라가 설립한 학교로, 디지털 기술을 기반으로 보다 효과적인 학교를 만들려는 시도가

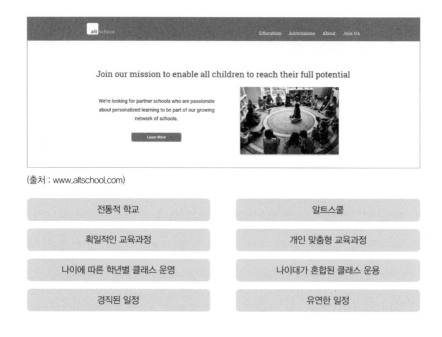

(출처 : www.altschool.com)

전통적 학교	알트스쿨
획일적인 교육과정	개인 맞춤형 교육과정
나이에 따른 학년별 클래스 운영	나이대가 혼합된 클래스 운용
경직된 일정	유연한 일정

곳곳에 보이는 기관이다.

알트 스쿨은 기존의 학교가 갖지 못하는 장점들을 최대한 구현하고자 노력했는데, 궁극적으로 지향하고 있는 것은 개인화된 학습이다. 기존의 학교에서 진행되는 'One Size Fits All'의 획일화된 수업 방식에서 탈피해 개인별 능력과 흥미에 맞춘 수업을 진행할 수 있도록 프로그램과 학습방식들을 구현하고 있다.

알트 스쿨에서는 학생별 개인 학습 계획을 가지고 있으며 이를 기반으로 수업이 진행된다. 나이에 따라 반을 구성하는 전통적인 학교와는 달리 맞춤형 학습 계획을 기반으로 아이의 흥미와 특성 그리고 학습 역량에 따라 반을 나누고 있다. 또한 전통적 학교와 달리 보다 유연한 진도 개념을 적용해 학생들이 해당 과정을 모두 소화했을 때 다음 수업으로 이동하는 방식을 취하고 있다.

학생들은 온라인과 오프라인 수업을 적절하게 섞어가며 학습을 진행할 수 있다. 교사와 학생, 학부모가 참여하는 공동의 플랫폼을 통해 함께 공유하며 발전해나갈 수 있다는 것이 장점이다. 학생의 학습 데이터와 공동 플랫폼의 데이터가 축적되면, 교사는 데이터를 기반으로 학생의 알맞은 교육과정을 지속적으로 완성해나간다.

이런 온라인 및 데이터 기반의 대안 학교는 교사 운영자만 있는 전통적 학교와는 달리, IT 전문가가 학교 교직원의 3분의 1을 차지하고 있다.

대학의 패러다임을 바꾸다, 미네르바 스쿨

미네르바 스쿨은 스타트업 형식으로 투자를 받아 설립된 대학이다.

이 학교의 가장 큰 특징은 물리적인 교실이 없다는 점이다. 모든 수업이 100% 온라인으로 이루어진다.

학생들의 생활 관리를 위해 전원 기숙사 생활을 하고 있다는 점 또한 특징이다. 기숙사 생활을 통해 수업에서 배울 수 없는 것들을 채울 수 있도록 배려하고 있다. 기숙사는 1년마다 다른 국가로 이동한다. 예를 들어, 1학년은 미국 샌프란시스코에서, 2학년은 아르헨티나 혹은 독일에서, 3학년은 인도나 한국에서, 4학년은 이스라엘과 영국의 기숙사에서 생활할 수 있다. 이를 통해 다양한 나라를 체험하며 글로벌 역량을 높이고, 공동 생활을 통해 교우들 간의 협업이나 생활 예절들을 배울 수 있다.

수업은 강의식 수업과 토론 형식으로 모두 온라인 환경에서 제공된다. 노트북이나 탭북만 있으면 어디서든 수업을 받을 수 있는 환경인 것이다. 수업 정원은 20명 이내로 한정되어 있으며, 토론 수업은 강의식 수업의 단점을 보완하도록 설계됐다. 온라인상의 참여도나 수업 기

(출처 : https://www.minerva.kgi.edu/)

록들은 객관적인 평가 자료나 학생과의 상담 자료로 활용하고 있다.

4년제 정식 학위를 수여하는 대학으로 미국대학교육협의회에 등록된 미네르바 스쿨은 미국 내에서 하버드, 예일, 스탠퍼드보다 높은 경쟁률을 보이며 인기를 끌고 있다. 2016년에는 326명 선발에 1만 6천여 명이 지원해 50대 1 이상의 경쟁률을 보이며 인기를 과시했다. 이 대학의 인기는 우수한 교수진과 온라인 형식의 수업, 다양한 나라를 체험할 수 있는 기숙사 생활 외에 우수한 프로그램을 제공하면서 연간 등록금이 1만 달러 수준으로 미국 대학 평균 등록금의 4분의 1 수준이라는 점도 크게 작용하고 있다.

모든 학교 생활을 온라인으로, 일본 N고등학교

전통적 학교는 출석을 기반으로 수업을 진행한다. 여기 '꼭 출석을 해야만 할까?'라는 질문에서 출발한 학교가 있다. 바로 일본의 'N 고등학교'다. 이는 일본의 가도카와가 설립한 통신제 고등학교로 우리나라로 치면 방송통신 고등학교라 말할 수 있다.

다음 그림의 모습은 N고등학교의 가상현실 입학식 모습이다. 이 학교는 교복도 있고 담임 교사도 있지만, 연간 5일만 등교하여 상담 등 반드시 오프라인에서 필요한 일들을 처리한다. 이밖에 수업이나 과제 제출, 시험 등 모든 활동이 온라인 상에서 이루어지며 클럽 활동과 심지어 소풍까지도 온라인으로 이루어지는 것이 특징이다. 소풍의 경우 롤 플레잉 게임인 '드래곤 퀘스트'를 활용하여 진행되는 것이 고려되고 있다. 미네르바 스쿨과 마찬가지로 학생들은 동영상으로 수업을 들

N고등학교 가상현실 입학식
(출처 : https://m.thegames.co.kr/news/articleview.html?idxno=188664/)

으며 실시간으로 채팅하는 방식을 통해 교사와의 상호 작용을 구현하고 있다.

N학교의 입학생들은 나이가 무척 다양하다. 15~86세까지의 학생들이 분포되어 있으며 최종적으로 1천 5백여 명이 입학했다. 일반 학교 생활에 문제가 있거나 등교를 거부하는 학생까지 수용할 수 있다는 점 그리고 IT 인재를 키우는 장이 될 수 있다는 장점으로 인해 일본은 그 가능성을 주목하고 있다.

하버드를 넘어서, 싱귤래리티 대학

미국 내에서 창업사관학교라 불리는 '싱귤래리티 대학'은 기업가를 육성하는 대학이다. 제 2의 에디슨이라 불리는 미국 최고의 발명가이자 미래학자인 레이 커즈와일 박사가 2008년 설립한 곳으로, 미국 항공우주국이 지원하고 미국항공우주국NASA 부지에 위치하고 있는 대학이다. 미국 내에서는 이미 MIT나 하버드보다 높은 위치를 점하고 있으며 학비도 비싸고 경쟁률 또한 치열한 곳으로 유명하다. 이 과정을 밟은 우리나라 사람은 극소수로 우주인 후보였던 고산 대표 정도가 알려져 있다. 이 대학은 인류의 미래를 대비할 인재를 양성한다는 목표로 첨단 과학과 미래학을 중점적으로 가르치고 있다.

싱귤래리티 대학은 정식 4년제 학교가 아닌 10주간의 집중 코스를 제공하는 교육 기관이다. 미래학, 법률, 금융, 바이오 등 10개 과목의 수업과 프로젝트 및 협력 학습, 창업 아이템 발표 등 굵고 짧은 프로그램으로 구성되어 있다. 졸업생들 대부분이 매우 힘든 과정이었지만 일반 대학 4년 보다 배운 게 훨씬 많았다고 말할 정도로 구성이 매우 탄탄하다.

대안학교, 나노디그리, 마이크로 칼리지 프로그램 등 탄탄하고 유연하며 업그레이드된 프로그램을 갖춘 새로운 교육 기관들이 인재 육성의 산실이었던 대학에 도전장을 내밀고 있다. 기존의 대학들이 전통적인 제도 기반으로 저변을 확산했다면 대안 학교는 나노디그리 프로그램 기반으로 철저하게 수요자 중심에서 기존 대학을 위협하고 있다. 이들은 수요자들의 공감대를 얻어 프로그램을 구성하고 자금을 모으는 부분 역시 스타트업의 형식으로 유동적으로 대처하고 있다. 이들의 성과는 대학들에게 신선한 자극을 부여하기에 충분하다.

대안 학교는 가장 큰 힘은 어댑티브 러닝adaptive learning에 있다. 인재 육성에 있어 수요 맞춤형으로 움직이고 있는 것이다. 기술을 사용하거나, 단기적 프로그램을 제공하는 등 개인에게 꼭 맞는 군더더기 없는 프로그램을 제공하고 있다는 점이 주목할만 하다.

전통적 학교를
넘어서

우리가 앞서 살펴본 무크, 플립 러닝, 대안학교, 나노디그리 프로그램 등은 전통적 학교의 단점을 보완하며 발전하고 있다. 플립 러닝은 오프라인 수업이 가장 좋은 학습법이라는 고정 관념을 깼다.

오프라인 수업이라는 중요한 시간을 대부분 강의식 수업으로 보내는 것은 매우 비효율적이라고 전통적 학교에게 말해주고 있다. 함께 모였을 때 가장 효과적인 방법은 교수, 동료, 학생이 다같이 만들어 가는 협력 수업 방식이다. 이를 구현하기 위해 강의식 수업을 모두 온라인으로 보내야 한다. 그리고 그것이 선택이 아닌 필수적인 요소임을 알려주고 있다.

나노디그리 프로그램과 마이크로 칼리지 프로그램은 대학이 꼭 4년일 필요는 없으며, 이 기간은 매우 고정관념에 빠진 기간이라는 점을 역설하고 있다. 또한 전통적 학교가 직업의 수요와 더불어 새로운 4차 산업혁명 시대에 발 맞추지 못함을 반영하고 있다.

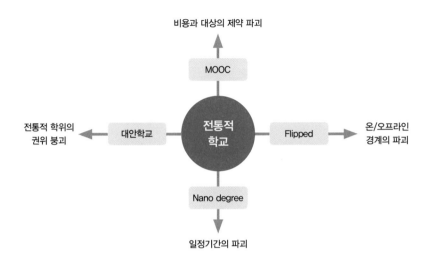

대안 학교들은 전통적 학교의 권위를 다른 형식의 학교들이 충분히 대체할 수 있음을 경고하고 있다.

PART

6

국어, 영어, 수학 등의 과목은 읽고, 쓰고, 계산하는 능력에 관한 학문으로 산업혁명의 전유물이다. 학생들을 보다 빠르게 대량생산의 시대에 적응하도록 만들기 위한 커리큘럼이었던 것이다. 4차 산업혁명 시대를 살아가는 우리에게는 새로운 교육과정이 필요하다.

이 장에서는 창의력 및 비판적 사고 등을 길러주는 4C 교육과정, 과학과 예술의 융합교육인 STEAM, 21세기 라틴어라 불리는 코딩교육 등 새롭게 등장한 커리큘럼에 대해 살펴보고자 한다.

새로운 교육과정에 대한 요구

국어, 영어, 수학은 왜 중요하게 되었을까?

수렵·채집 시대의 교육과정은 수렵과 채집을 잘 할 수 있는 방법을 직접 경험하여 익히는 방식으로 이루어졌다. 농업이 본격화되면서 분업이 이루어졌고 목수, 대장장이, 도공, 의사, 군인 등의 세부 직업군이 생겨남에 따라 1:1로 가르치고, 배우고, 연습하는 도제식 교육이 발전했다.

인간의 삶은 교육과 떼어낼 수 없는 관계를 가지고 있다. 교육을 통해 인류의 문명과 기술이 발달해왔고, 인쇄술의 발전은 이를 더욱 가속화시켰다.

농업에 의해 인류가 보다 풍요로워지기 전 삶의 과정은 생업 그 자체였다. 인간이 살아가기 위해 필요한 것들이 곧 교육과정이었다. 바느질하는 방법, 물고기를 잡는 방법, 씨앗을 뿌리는 방법 등 교육이 곧 생존이자 삶이었던 것이다. 그러나 문명의 발달로 생업은 민중의 책임이 되었고, 여유가 생긴 상류층 사람들은 과거와 달라진 삶에 대한 새로운 교육과정을 필요로했다. 이에 리더십과 인성 교육, 교양, 과학적인 지식, 법률에 이르기까지 다양한 교육이 생겨났다.

조선 시대 우리 교육과정은 태조 7년(1398) 설립된 성균관이라는 유교 교육기관의 주도로 사서(논어, 맹자, 대학, 중용), 오경(시경, 서경, 역경, 예기, 춘추) 중심의 교육이 이루어졌다. 이는 유교를 국교로 삼았던 조선 시대의 생활상이 투영된 것으로 유교에 기반한 인격적 인간을 길러내는 것이 주된 목적이었다.

산업혁명을 거치면서 인류의 삶은 큰 변화를 겪게 된다. 삶의 터전이었던 농업, 어업, 축산업 등이 기계화 과정을 거치면서 인간의 역할이 점점 축소된 것이다. 사람이 필요한 곳은 공장이나 사무실이 되었고 공장과 사무실에서 일할 사람을 길러 내는 것이 교육의 주목적이 되었다. 여기서 가장 중요한 것이 바로 읽고 쓰고 계산하는 능력이었다.

공장의 블루칼라들에게는 가장 기본적인 읽고 쓰고 계산하는 지식이 필요했지만 화이트칼라들에게는 그보다 더 깊은 지식이 필요했다. 이런 과정에서 우리 교육의 읽고 쓰고 계산하는 국어, 영어, 수학이라는 교육과정이 생겨났고 기본적인 지식에 해당하는 역사, 지리와 같은 사회 과목과 물리, 화학을 포함한 과학 과목이 필요하게 된 것이다.

다보스 포럼 회장인 클라우스 슈밥은 2016년 초 다보스 포럼에서 공식적으로 4차 산업혁명의 시대를 소개한 바 있다. 2016년 다보스 포럼의 핵심 이슈는 바로 4차 산업혁명이었다. 증기 기관이 주도했던 1차 산업혁명, 전기와 컨베이어 벨트가 생겨났던 2차 산업혁명, 컴퓨터

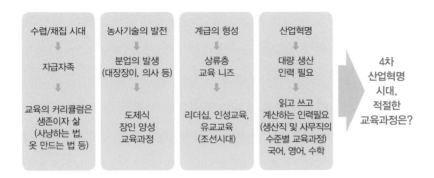

와 인터넷이 중심이었던 3차 산업혁명을 지나 인공지능과 사물인터넷
이 주도하는 4차 산업혁명의 시대를 선언한 것이다. 또한 이 4차 산업
혁명은 그동안 인간이 겪었던 어떤 혁명보다 가장 파괴력이 클 것이라
예견되고 있다.

새로운 혁명 시대에 맞춰 우리 교육과정은 새롭게 바뀌어나가야 한
다. 창의적인 융합 인재를 원하는 시대 앞에서 획일화된 인재를 양성
하는 기존의 교육과정은 무용지물에 불과하다.

다보스 포럼에서는 2030년에 현존하는 직업 20억 개가 없어지고 지
금의 일자리의 80%가 15년 안에 사라진다고 얘기했다. 또한 2016년
초등학교에 입학하는 학생들의 65%는 현재 존재하지도 않는 일에 종
사할 것이라 예측했다. 인공지능과 기술의 발전은 점점 사람이 일할
수 있는 일자리를 없애고 있으며 현재 전 세계적으로 30억 명의 구직
자가 있다면 정규 직업은 12억 자리밖에 없는 것이 채용 시장의 현실
이다.

기존 직업에 적합한 인재를 육성해내는 기존 교육 시스템으로 4차

산업혁명 시대를 대비할 수는 없다. 스스로 직업과 산업을 만들어낼 수 있는 인재를 육성하는 것이 현재의 시급한 과제이다.

평생 직장, 평생 직업이라는 단어 또한 급속하게 사라지고 있다. 2014년 통계청 자료에 의하면 우리나라 신입사원의 평균 연령은 남성 33.2세, 여성 28.6세이고 2015년 통계청 자료에 의하면 평균 퇴직 연령은 남성 52세, 여성 47세라고 한다. 즉 취업을 하고 20년 정도 근무하면 나머지는 은퇴 생활을 하게 된다는 의미이다.

백세 시대를 예측하는 상황에서 일할 수 있는 기간은 고작 20년밖에 안 된다는 점, 20년 동안의 근무 기간 동안 평균 이직 횟수가 3~4회를 차지한다는 점은 그동안의 전공 중심의 교육 제도가 더 이상 유효하지 않음을 나타낸다. 즉 퇴직 이후를 대비한 직업 교육과 빠르게 변화하는 직업 환경에 대비하는 교육과정의 변화가 요구되고 있는 것이다.

교육산업에서 가장 큰 시장을 차지하는 어학 교육 분야 역시 새로운 변화가 감지되고 있다. 가장 큰 변화는 자동번역기의 발달이다. 구글 번역기의 경우 작년과 올해의 사용 경험이 현저히 다를 정도로 그 정확성이 높아지고 있다. 최근에는 귀에 꽂는 번역기가 등장해 상용화 단계를 준비하고 있다.

세상의 언어 장벽을 허물자는 모토로 등장한 '파일럿Pilot'이라는 이름의 통역기는 미국 웨이버리 랩스에서 개발한 자동 번역기로 보청기의 형태를 닮은 두 개의 디바이스를 귀에 꽂으면 실시간으로 통역돼 귀에 들리는 장치이다. 일차적으로 영어, 불어, 스페인어, 이탈리아어

(출처 : 웨이버리 랩스 홈페이지)

를 지원하고 있으며 누적 정보가 많은 영어의 경우 스페인어를 거의 완벽에 가깝게 번역할 수 있을 정도로 발달했다. 하지만 아직 정보가 부족한 한국어와 같은 다른 언어로 번역하는 것은 서투르기 때문에 계속 정보를 모아 꾸준히 업그레이드 중이다.

위와 같은 제품이 상용화된다면 과연 어학 교육이 필요할까? 이런 변화들은 우리의 교육과정에 변화를 요구하고 있으며 이에 발맞춰 새로운 변화를 위한 노력들이 꾸준히 진행되고 있다.

유다시티의 창업자이자 인공지능 분야 최고 권위자이기도 한 세바스찬 스런 교수는 인공지능이 장차 인류를 위협할 것이라 생각해 교육의 길을 택했다고 말했다. 지금의 국어, 영어, 수학, 암기 과목 위주의 교육과정은 인공지능이 더 잘 할 수 있는 영역의 지식이다. 인공지능 시대에서 기계보다 더 우위를 점하기 위해서는 지금의 교육과정이 아닌 새로운 교육과정이 필요하다.

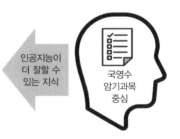

세바스찬 스런
(Udacity 창업자, 스탠퍼드 대학 교수)
"인공지능이 장차 인류를 위협할 것이라는 위기감에
인간의 능력을 향상하고자 교육의 길을 택했다."

인공지능이 더 잘할 수 있는 지식

국영수
암기과목
중심

LESSON ②

과학과 예술의
융합 교육 STEAM

과학기술 교육의 중요성 : STEM

　미국을 중심으로 시도되고 있는 새로운 교육과정 중 가장 대표적인 것이 바로 과학기술 중심 교육STEM이다. Science(과학), Technology(기술), Engineering(공학), Mathmatics(수학)의 앞 글자를 딴 용어로 과학, 기술, 공학, 수학에 초점을 맞춘 정규 교육 또는 비형식 교육을 의미한다.

　미국 상무부 자료에 의하면 2018년까지 STEM 관련 직업은 17% 성장할 것인 반면, 과학기술 중심 교육과 관련되지 않은 직업의 성장율은 9.8%에 그칠 것이라 예측되고 있다. 과학기술의 발전과 과학기술 분야의 인력 수요 측면에서 관련 전문가의 육성은 향후 경제 성장을 위한 주요한 이슈가 되고 있다.

　미국의 오바마 정부 역시 과학기술 중심 교육을 매우 강조하고 있다. 'Education to Innovate' 라는 구호를 내세워 과학기술 중심 교육 활성화를 위해 적극적으로 노력하고 있으며 2011년에는 과학기술 중심 교육 분야에 37.13억 달러의 예산을 지원했다. 또한 10만 명의 과학기술 중심 교육 관련 교사 육성의 시급함을 강조하며 다양한 프로그램을 통해 과학기술 중심 교육을 활성화시키고 있다.

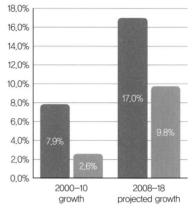

Employment Growth

(출처 : http://www.esa.doc.gov/Reports/stem-good-jobs-now-and-future)

영국 또한 과학기술 중심 교육에 적극 투자하고 있는데 '과학과 혁신에 대한 프레임'을 수립하여, 과학기술 중심 교육 인력을 안정적으로 공급하기 위한 교육 관련 지원을 확대해나가고 있다. 과학기술 중심 교육 4개 과목을 핵심 교과로 지정해 4개 분야 전문가 정책 자문 그룹을 운영하고 있으며, 기업-정부-학교를 잇는 STEMNET라는 망을 구축하여 45개의 지역 조직을 통해 학교와 산업체를 연결해 과학기술 중심 교육의 질과 양을 높이려 노력하고 있다.

융합 인재 양성을 위한 STEAM, Art(인문학 및 예술)를 만나다

STEM(인문학)에 Art(예술)를 더한 교육과정을 융합 인재 교육STEAM이라 한다. 과학기술 교육에 예술을 더해 창의적인 융합 인재를 육성하는 교육과정이다. 우리나라는 2011년부터 교육과학기술부 중심으로 융합 인재 교육을 추진하고 있다. 융합 인재 교육의 목표는 기존의 주입식·암기식 교육을 학생들이 재미있게 배울 수 있는 체험, 탐구, 실험 중심으로 전환하여, 과학기술에 대한 관심과 기본 이해 역량을 높이고, 이를 바탕으로 과학기술 분야의 국가 경쟁력을 강화하는 것이다. 그렇다면 과학기술에 인문학과 예술이 들어간 이유는 무엇일까?

애플의 스티브 잡스, 페이스북의 저커버그, 알리바바의 마윈, 이들의 공통점은 무엇일까? 바로 세계적인 기업의 창립자임과 동시에, 현시대 기업 경영의 아이콘이라 불리는 것이다. 또 하나의 주목해야할 공통점은 이들은 모두 인문학 전공자라는 점이다. 스티브 잡스는 철학을 전공했고, 저커버그는 심리학, 마윈은 영문학을 전공했다.

이들은 인문학을 전공한 것이 기업 경영에 큰 도움이 되었다고 입을 모아 말하고 있다. 스티브 잡스는 "소크라테스와 함께 점심 한 끼를 먹을 수 있다면 애플이 가진 모든 기술을 그것과 바꾸겠다"고 말한 적이 있다. 선불교에 심취했던 부분도 잘 알려진 사실이다. 소크라테스처럼 깊이 생각하는 습관과 사람과 사물에 대한 끊임 없는 질문들이 혁신적인 제품을 만들 수 있는 원동력이 되었을 것이다. 또한 저커버그는 주에 한 권 꼴로 책을 읽고 페이스북 팔로워들과 토론하는 것을 즐기는 것으로 유명하다. 마윈은 그의 리더십 롤 모델로 인문서적 서유기에 나오는 삼장법사를 들고 있다. 이들 외에도 세계적인 기업의 창업주와 CEO들 중에서 인문학 전공자나 인문학 및 예술 공부에 푹 빠진 사람들을 흔히 발견할 수 있다.

그러나 우리나라에서는 '문송합니다(문과 나와서 죄송합니다.)'라는 말이 유행할 정도로 인문·예술 분야가 천대받고 있는 상황이다. 세계적인 기업들은 어째서 인문학과 예술 교육을 그토록 강조하는 것일까?

첫째, 창의성의 시대에서 인사이트의 근간이 될 수 있는 것이 바로 인문학과 예술이기 때문이다. 바야흐로 파괴적 혁신이 일반화되고 있는 시대이다. 번뜩이는 아이디어와 실행력을 지닌 스타트업들이 튼튼한 산과 같았던 기존의 산업 생태계를 무너뜨리고 있다. 애플의 아이폰은 핸드폰 산업을 무너뜨리며 스마트폰의 시대를 열었고, 우버나 에어비앤비의 등장은 기존 택시 산업과 숙박 산업을 새롭게 탈바꿈시키고 있다. 이러한 경영 환경에서 창의성은 선택이 아닌 필수 요소로 여겨지고 있는 것이다.

"리더가 넘어선 위대한 종이 한 장-최윤규 저/고즈윈" 책에 나오는 사례를 따라가보자. 1964년 쿠웨이트 항구에서 2천 톤의 배가 침몰되었다. 어떻게 하면 침몰된 배를 인양할 수 있을까? 한 사람이 아이디어를 내놓았다. 탁구공만 한 공기 주머니 2천 2백만 개를 만들어 물속에 가지고 들어가 배 안에 집어 넣자는 것이었다. 얼마 후 배가 떠올랐다. 이 사람은 자신의 아이디어를 특허 출원하려고 했으나 거절당했다. 1949년 출간된 디즈니 만화에 도널드 덕이 탁구공으로 배를 끌어올리는 장면이 등장한 적 있기 때문이었다.

위의 사례와 같이 실제로 기업에서 복잡한 문제를 해결해야 할 때 복잡한 계산보다 참신한 아이디어로 더 큰 성과를 낳은 경우를 흔히 볼 수 있다. 기업들이 창의적인 인재를 원하는 이유도 여기에 있다. 창의적인 생각은 실무 교육이나 기술 교육보다는 문학 작품, 역사, 철학과 같은 예술과 인문학의 통찰을 통해 얻을 수 있다.

둘째, 사람이 점점 더 중요해지는 경영 환경에서 사람을 가장 잘 배울 수 있는 학문이 인문학이기 때문이다. 디지털 환경이 점점 더 중요해질수록 기계보다 사람이 비즈니스에서 더 중요한 위치를 점하게 된다. 직원들과의 협업, 고객들과 전문가들이 R&D*에 참여하게 만드는 C&D Connect and Development**, 고객과 개발자를 연결하는 플랫폼 전략 등 사람을 연결시키고 사람과 협업해서 집단지성을 만들어 내는 것이 기업의 지속 가능성을 보장하는 환경이 되기 때문이다.

따라서 사람에 대한 깊은 통찰과 이해는 강한 경쟁력으로 작용한다. 17년 동안 디즈니의 CEO를 역임한 아이스너는 문학 공부가 CEO 역할을 하는 데 큰 도움이 되었다고 말하며, 문학은 사람들이 어떤 환경에서 어디로 움직이는지 이해하는 데 가장 도움이 되는 학문임을 강조했다.

어느 광고의 '사람이 미래다'라는 문구처럼 기업의 미래를 보장하기 위해서는 사람에 대한 깊은 이해가 무엇보다 중요하다. 인문학의 역할은 이러한 관점에서 더욱 증대될 것이라 예측된다.

---

* R&D : Research and Development의 약어로 기업의 연구 및 생산조직을 의미하며 상품을 만들어 내는 기능을 말한다. 소비자 동향과 기술을 연구하며 시장에 맞는 상품을 생산해내는 조직 및 기능을 의미한다.

** C&D : Connect and Development의 약어로 연구 및 생산조직을 기업 내부에서만 구성 하는 것이 아니라, 외부의 소비자나 전문가를 참여시켜 연구 및 생산을 함께 해나가는 것을 의미한다. 급변하는 수요와 경영환경을 고려하여 기업내부에서만 연구 및 생산 기능을 담당하는 것이 아닌 외부와 연결시켜 보다 소비자 지향적이며 높은 품질의 상품을 생산하기 위한 방법이다.

셋째, 인문학과 예술에 대한 교육은 사람들의 가장 기본적 소양을 함양시키기 때문이다. 최근 뛰어난 성과를 내는 기업들이 한 사람의 부도덕한 행실로 휘청거리는 경우가 많이 발생하고 있다. 모 총수 가족의 횡포, 일부 기업 임원들의 성희롱, 유통 회사 직원의 지나친 갑질 등 구성원 한 명의 기본 소양 결여로 주가가 급속히 떨어지거나 기업 이미지에 심각한 타격을 입는 일이 심심치 않게 발생하고 있어 기업 구성원들의 기본 인문 소양이 더욱더 중시되고 있는 상황이다.

① 남의 약점을 이용하지 마라

② 비굴하지 않은 사람이 되라

③ 약자를 깔보지 마라

④ 항상 상대방을 배려하라

⑤ 잘난 체 하지 마라

⑥ 공적인 일에는 용기 있게 나서라

위는 세계적인 명문사립학교인 이튼 칼리지의 교훈이다. 600년 전통을 자랑하는 이튼 칼리지는 19명의 영국 총리를 포함해 다양한 분야에서 주요 인사를 배출한 대표적인 영국의 사립학교이다. 때로는 귀족 학교라며 비판을 듣기도 하지만, 이들은 '약자를 위해', '시민을 위해', '국가를 위해'라는 가치를 지키기 위해 부단히 애쓰고 있다. 출세하기 전에 먼저 인간이 되라는 교육 철학을 가지고 있는 것이다. 실제로 제1차 세계대전과 2차 세계대전 당시, 영국에서 자원 입대해 전사한 졸업생의 비율이 가장 큰 학교라는 역사적 전통은 이들의 기본 소양을 엿볼 수 있는 부분이다.

기업이 원하는 인재는 그 바탕에 기본 소양이 깔려 있어야 한다. 똑똑하고 유능하지만 소양이 부족하거나 추구하는 방향이 그릇될 경우, 기업에 미치는 악영향은 무능한 경우보다 훨씬 더 크게 다가오기 때문이다. 시카고 대학은 1929년까지 40여년간 삼류 대학이었다. 1929년 시카고 대학 총장으로 취임한 로버트 허친스 총장은 '시카고 플랜'을 시행했다. 시카고 플랜이란 '철학 고전을 비롯한 세계의 위대한 고전 100권을 마스터하지 않은 학생은 졸업시키지 않는다'라는 내용의 인문학 교육 플랜이었다. 그 결과는 상상을 초월했다. 시카고 플랜을 통과한 졸업생들이 사회에 나가 큰 성과를 이루어내는 인재들로 성장해 나가기 시작한 것이다. 시카고 플랜이 시작된 1929년부터 2000년까지 졸업생들이 받은 노벨상만 73개에 이른다. 시카고 플랜으로 시카고 대학이 명문대으로서의 위치를 확고히 다져간 것은 물론이다.

오늘날과 같이 빠르고 구체적인 성과를 추구하는 시대에 인문학과 예술 교육은 마치 뒤쳐지는 학문처럼 보일 수 있다. 하지만 위의 사례에서 확인할 수 있듯이 인간으로서 나아가 한 기업과 사회의 구성원으로서, 가장 중요하고 기본적인 학문이라 말할 수 있다. 기본이 탄탄할 때 그 위에 새로운 전문성과 기술이 더해져 기업과 사회를 선도하는 인재로 성장할 수 있는 것이다. 그리고 이러한 인재들이 모여 비즈니스를 해나갈 때 고객과 사회 구성원들에게 인정받는 기업으로 성장해 나갈 수 있을 것이다.

창의적이고 융합적인 인재를 육성하기 위한 융합 인재 교육STEAM은 지속적으로 확산 중에 있다. 특히 우리나라에서는 정책적으로 2011년부터 융합 인재 교육STEAM 연구 시범 학교로 초·중·고등학교를 선정하여 운영하고 있고, STEAM의 현장 확산에 기여한 학교 및 선생님을 추천받아 포상을 실시하고 있다. 2014년부터는 전체 학교에 확대되어 적용 중이다.

융합 인재 교육STEAM의 큰 틀은 오른쪽과 같이 수학과 과학으로 이론적 토양을 다지고 공학·기술 교육을 통해 실생활과 연계하고, 여기에 예술을 통해 감성적 능력을 더해 창의성을 극대화하는 교육을 의미한다. 우리나라는 문과와 이과를 구분하고 있는데 세계에서 일본과 우리나라 정도가 가지고 있는 이 제도는 그동안 융합형 인재를 육성하는 데 걸림돌이 되어왔다. '융합 인재 교육STEAM'은

문과와 이과의 경계를 없애고 융합형 인재를 육성하기 위한 새로운 교육과정이라 볼 수 있다. 창의성이 점점 중시되는 경제 환경 아래에서 융합형 인재의 필요성이 점점 높아지고 있기 때문이다.

국내에도 융합 인재 교육STEAM과 관련된 학교와 프로그램들이 속속 등장하고 있다. 과학예술영재학교와 융합과학기술대학원 등이 그것이다.

최초로 문을 여는 과학예술영재학교

구분	세종과학예술 영재학교	인천과학예술 영재학교
개교	2015년 3월	2016년 3월
정원	84명(8명 이내)	75명(6명 이내)
모집	전국 단위	
과정	과학예술인문학 융합 과정 20% 이상	
	문과와 이과를 구분 없이 학생이 수업을 선택하는 학점제	
운영	각 시 교육청이 관리·감독하는 공립	

서울대 융합과학기술대학원

학과명	정원(명)		전공
	석사	박사	
나노융합학과	20	10	나노 소자 · 나노 응용 시스템
디지털정보 융합학과	14	7	디지털 콘텐트 · 디지털 문화
지능형융합 시스템과	14	7	미래형 자동차 · 지능형 설계 시스템

* 정원( )는 사회적 배려 대상 등 정원외 자료:교육과학기술부

　해외 또한 창의적 융합 인재 육성의 중요성을 간파하여 이를 위한 각종 교육 정책을 추진하고 있다. 교육 강국 핀란드의 경우 소통, 창의성, 비판적 사고, 협업을 강조하는 과정으로 모든 교과를 대체할 예정이다. 아르헨티나 역시 기술 교육과정을 포함시키고 있으며 여기에 더해 기업가 정신 교육을 통한 창업 역량 향상에 초점을 두고 있다. 말레이시아는 문제해결 능력, 팀워크, 네트워크 능력을 교과에 반영하고 있다.

　융합 인재 교육STEAM의 활성화는 인공지능의 등장, 사물인터넷을 통한 초연결 사회, VR, AR, 나노 기술 등의 발전을 동반한 4차 산업혁명 시대에 요구되는 인재상이, 과거 성실하고 지식이 많은 인재상에서 변

핀란드	아르헨티나	말레이시아 일부
소통, 창의성, 비판적 사고, 협업을 강조하는 교육과정으로 2020년까지 모든 교과를 대체할 것이라 발표함	중고등 교과과정에 기술교육 2년, 기업가 정식 교육 3년 포함	문제해결 능력, 팀워크, 네트워크 능력을 교과과정에 포함

화하고 있음을 보여주고 있다. 새로운 시대에는 인공지능을 뛰어 넘을 창의성, 융합적 사고, 협업 능력이 무엇보다 절실하기 때문이다. 이런 능력을 학교에서부터 학습할 수 있도록 각 나라의 학교와 정부가 기존 교육과정에 칼을 대기 시작했다.

21세기 필수 언어를 배워라, 코딩교육

코딩* 교육은 컴퓨터 프로그래밍 방법을 배우는 것이다. 미야네가 요시미치의 "컴퓨터는 소프트웨어가 없으면 단지 기계 상자에 불과하다"라는 말처럼, 코딩은 프로그래밍을 통해 컴퓨터가 움직이는 방법을 설계하는 중요한 작업이다.

오바마 대통령은 코딩교육이 미국의 미래라 말하며 그 중요성을 강조했다. 그는 "비디오 게임을 구입하는 대신 비디오 게임을 직접 만들어 보세요"라고 말했다. 도대체 왜 이토록 코딩교육을 강조하는 것일까? 코딩은 미래의 언어다. 우리가 글을 배우고 말을 배워야 다른 사람들과 소통할 수 있고, 기본적인 수학을 알아야 우리 삶을 영위할 수 있듯이, 앞으로의 세대는 사람뿐 아니라 컴퓨터와 소통할 수 있어야 한다. 코딩은 국어와 수학처럼 필수로 알아야 하는 기본 지식이 될 것이다. 글자를 모르는 문맹이 겪는 어려움처럼 코딩을 모르면 앞으로 살

---

* 코딩(coding) : 프로그램의 명령문을 사용하여 프로그램을 작성하는 일을 의미한다. 즉, 컴퓨터를 작동시키는 구조와 언어를 만드는 것이다.

아가는 데 많은 불편함을 겪게 될 것이 자명한 사실이다.

이런 변화에 발맞출 수 있는 인재를 육성하기 위해 많은 국가들이 코딩교육에 열을 올리고 있다. 디지털 혁명 이후 크게 성공한 사람들은 프로그래밍 능력을 갖춘 경우가 많다. 마이크로소프트의 빌 게이츠, 페이스북의 마크 저커버그, 애플의 스티브 잡스 등이 좋은 예이다. 빌 게이츠는 중학생 시절에 프로그래밍을 시작해 고교생 때 교통량 데이터를 분석하는 회사를 직접 설립하여 프로그래밍 업무에 종사했다. 마크 저커버그도 중학교부터 프로그래밍을 배웠는데, 그의 아버지가 코딩 시대를 예측하고 저커버그에게 프로그래밍 개인 교사를 붙여준 것은 유명한 이야기이다. 이들은 어린 시절부터 프로그래밍을 배워 컴퓨터의 작동 원리를 익히며 컴퓨터와 친근한 환경에서 성장했다.

스티브 잡스는 코딩교육을 강조하면서, 생각하는 과정을 외부로 드러내는 수단으로 프로그래밍을 사용한다고 말했다. 프로그래밍을 단순한 기술이 아닌 다양한 가능성을 열어주는 도구로 여기고 있는 것이다.

수학이 필수 교육으로 자리 잡은 것은 불과 18세기 이후다. 18세기 산업혁명을 거치면서 수학에 대한 기본 지식이 필수 지식으로 떠올랐고, 영국은 수학을 필수 과목으로 선정했다. 산업 사회에서는 정량적,

> "이 나라 모든 사람들은 코딩을 배워야 합니다.
> 코딩은 생각하는 방법을 가르쳐줍니다."
> **스티브 잡스**

수치적, 논리적 사고가 필요했기 때문이다. 이와 마찬가지로 새로운 디지털 혁명 시대에는 프로그래밍 교육이 필수 과목이다. 사물인터넷, 빅데이터 분석, 3D 프린팅, 클라우드 기술 등 미래의 유망 직업들은 코딩을 필수로 한다. 코딩을 전문적으로 하지 못하더라도 프로그래밍에 대한 기본적인 이해는 향후 어떤 산업에 종사하든지 필수가 될 것이다. 본격적인 디지털 경제 사회가 도래하는 10~20년 후에는 코딩을 모르면 생활에 직접적인 어려움이 생길 수도 있다.

국내외 코딩교육 현황

코딩교육을 주도해 나가는 것은 IT 강대국인 미국이다. 실리콘 밸리를 중심으로 트위터, 핀터레스트, 페이스북 등 세계적인 IT 기업을 배출한 국가답게 코딩교육을 가장 적극적으로 추진하고 있다.

미국의 비영리법인 코드닷오알지Code.org는 하루 한 시간씩 코딩을 하자는 'Hour of Coding'을 모토로 코딩교육의 대중화를 위해 노력하고 있다. 현재 이 사이트의 가입자가 3천 7백만 명을 넘어설 정도로 큰 방향을 일으키고 있다. 민간 단체에서 시작된 코딩교육은 정부 차원에서 빠르게 움직이면서 미국 30개 교육청에서 정보과학 과목을 졸업 학점 인정 과목으로 지정하기에 이르렀다.

영국 또한 범국가 차원으로 발 빠르게 움직이고 있다. 현재 5~16세 대상 교육 프로그램에 코딩 과목을 필수로 선정하고 있다. '코딩을 못

영국의 컴퓨팅 교과 개편 주요 내용

초등과정(Primary)		중등과정(Secondary)	
1~2학년(5~7세)	**3~4학년(7~11세)**	**7~9학년(11~14세)**	**10~11학년(14~16세)**
알고리즘의 이해	특정목표달성을 위한 설계 - 코딩 - 디버깅	프로그램제작 계산 능력을 위한 핵심 알고리즘 이해	컴퓨터 공학, 미디어, 정보 기술의 능력, 창의 그리고 지식 발달
심플 프로그램의 제작 및 디버깅	알고리즘 설명을 위한 논리적 사고력	불린 로직의 이해 (AND, OR, NOT)	분석 능력, 디자인, 문제해결 능력, 컴퓨터적 논리력
심플 프로그램을 예측하기 위한 논리적 사고	네트워크의 이해	컴퓨터를 구성하는 HW와 SW 이해	온라인 프라이버시 보호에 영향을 미치는 기술 이해
디지털 콘텐츠 제작 활용 기술	검색 기술의 사용	2진수의 이해와 사용	
프라이버시를 위한 안전하고 책임있는 기술 사용법	여러 디바이스의 다양한 SW 활용	프라이버시를 위한 안전하고 책임있는 기술 사용법	
	프라이버시를 위한 안전하고 책임있는 기술 사용법		

하면 국가의 미래가 없다'라고 말하며 전 국민에게 코딩교육을 전파하고자 노력하고 있다.

일본 역시 2012년부터 고등학교에서 '정보'를 필수 과목으로 지정하여 프로그래밍 교육을 활성화하고 있다. IT 강국인 인도 또한 2010년에 초·중·고등에 코딩교육을 필수 과목으로 선정했다.

핀란드 역시 프로그래밍 수업을 필수 과목으로 지정하여 초등학교 1~2학년부터 게임 만들기를 통해 프로그래밍을 경험하게 하고 있다. 이스라엘 또한 고교생들에게 최소 매주 1시간 이상 컴퓨터 과학과 프로그래밍을 교육하고 있다. 이 외에도 싱가포르와 에스토니아 등의 나라에서도 적극적으로 프로그래밍 교육 도입을 추진하고 있다.

우리나라도 이에 발맞추어 정책을 내놓고 있다. 2014년 '소프트웨어 중심 사회 실현 전략'을 통해 초·중·고등학교의 프로그래밍 교육

초등학교	2019년부터 정규수업에 소프트웨어 기초교육 실시(17시간 이상) – 알고리즘, 프로그래밍 체험 중심
중학교	2018년부터 정보과목 34시간 이상(필수 교과로 진행) – 간단한 프로그래밍 개발
고등학교	2018년부터 정보과목을 일반선택 과목으로 전환 – 알고리즘 및 프로그램 설계

2014년 '소프트웨어 중심사회 실현전략'에서 초·중·고등학교의 소프트웨어 교육 강화 계획을 발표함

강화 계획을 발표한 바 있다. 이 계획에 의하면 2018년부터 전국의 모든 중학교는 '정보' 과목을 필수로 지정해야 한다. 뿐만 아니라 앞으로는 초등학교와 고등학교에도 프로그래밍 교육이 필수 과목으로 지정될 예정이다.

코딩교육은 코딩 자체를 배우는 것 외에 원하는 목적과 결과를 위해 어떻게 접근해야 하는지에 대한 생각의 절차를 가르쳐준다. 또 이 과정

2014년 성균관대 안성진 교수 연구 결과

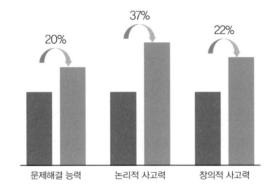

을 통해 학생들은 문제해결 능력, 논리력, 창의력을 함께 키울 수 있다.

실제로 2014년 성균관대 안성진 교수님 팀의 연구 결과에 따르면 코딩교육이 문제해결 능력을 20%, 논리적 사고력을 37%, 창의적 사고력을 22% 증가시켰음을 알 수 있다.

코딩을 배울 수 있는 사이트들

스크래치(https://scratch.mit.edu)

'스크래치'란 재미있게 프로그래밍을 익힐 수 있도록 MIT의 미디어 랩에서 만든 학생 대상 프로그래밍 언어이다. 현재 가장 많이 사용하는 교육용 코딩 언어로 컴퓨터의 아버지라 불리는 컴퓨터 과학자 '엘런 케이'가 개발한 프로그래밍 언어인 '스몰 토크'의 아이디어를 발전시켜서 개발했다. 블록형 프로그래밍 방식으로 별도의 코딩 언어 없이

끌고와서 내려놓는 형식으로 캐릭터를 움직이게 하거나, 말하게 만드는 등 손쉽게 구성할 수 있다. 또한 별도의 프로그램 설치 없이 인터넷상에서 바로 실행할 수 있어 컴퓨터와 인터넷 환경만 있으면 언제든 즐길 수 있다는 것이 장점이다. 이 사이트를 통해 아이들

은 놀면서 자연스럽게 프로그래밍의 기본 원리를 익힐 수 있다. 스크래치는 프로그래밍 입문용으로 널리 사용되고 있으며, 자신이 만든 프로그래밍을 전 세계 사람들과 공유할 수 있어 사용자들끼리 배우고 가르칠 수 있다는 것 또한 매우 큰 장점으로 꼽힌다.

레고 마인드 스톰(http://www.lego.com/ko-kr/mindstorms/about-ev3)

아이들에게 친숙한 레고 블록으로 로봇을 만들고 만든 로봇을 프로그래밍하여 움직이게 하는 상품이다. 로봇이라는 실제 사물을 자신이 만든 프로그래밍으로 움직일 수 있어 재밌게 몰입할 수 있다.

우선 레고를 조립하여 로봇을 만든 뒤, 로봇에 생명을 불어넣는 프로그래밍을 진행한다. 프로그래밍이 어렵지 않게 구성되어 있어 초등학생 이상이라면 손쉽게 만들 수 있다. 스마트폰과 태블릿 PC를 이용해 로봇에게 명령을 내리면 로봇이 그대로 행동할 수 있게 설계되어 있다. 만든 작품을 사이트에 공유할 수 있고 싫증이 나면 레고를 분해

레고 마인드 스톰 사이트

해 새로운 로봇을 만들 수 있는 것이 특징이다.

코드닷오알지(http://code.org)

오바마와 빌 게이츠가 극찬한 코드닷오알지는 코딩교육의 대중화를 위해 비영리단체가 만든 사이트이다. 코딩의 기초를 모두 무료로 배울 수 있다. 스크래치와 마찬가지로 별도의 프로그램 설치 없이 인터넷과 컴퓨터만 있다면 언제 어디서든 활용 가능하다.

코딩 언어는 구글이 개발한 블록클리를 주로 사용하고 있으며 아이들이 흥미를 가질만한 '겨울왕국', '앵그리버드' 등의 캐릭터를 활용해 재미와 몰입도를 높였다. 앵그리버드가 미로를 탈출해 돼지를 잡는다거나 안나와 엘사가 얼음 위에 그림을 그리는 등, 흥미로운 과제들을

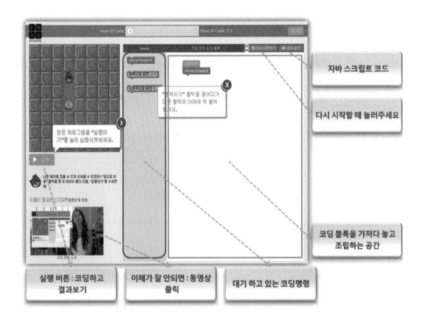

해나갈 수 있는 것이다. 이해가 안 되는 부분은 동영상 강의를 통해 학습을 진행하면서 코딩을 즐길 수 있다는 점이 특징이다.

SKT 스마트로봇 코딩 스쿨

스마트로봇 코딩 스쿨은 컴퓨터 또는 스마트폰만으로는 자칫 지루할 수 있는 코딩교육을, 로봇과 결합하여 아이들을 대상으로 재미있게 만든 프로그램이다. 2016년 5월 중남미에 수출 계약을 맺는 등 그 품질을 인정받고 있다.

코딩교육을 통해 자신이 직접 코딩한 프로그램을 로봇 알버트에 적용하면 프로그램대로 로봇이 움직이는 형식으로, 코딩뿐만 아니라 협업 활동과 오프라인상에서의 대결 등 다양한 활동과 결합하여 운영할 수 있는 것이 가장 큰 장점이라 할 수 있다.

알버트

코드카데미

초보 친화적인 무료 학습을 추구한다. CSS, HTML, Javascript 등에 대한 다양한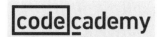

브라우저 기반 인터랙티브 튜토리얼(상호작용형 사용 설명서로 일방향이 아닌 사용자 반응에 따라 적절한 설명이 나오는 것을 의미한다)을 무료로 제공하는 사이트이다. 2014년 기준으로 2천 4백만 명이 이용하고 있으며 2015년 1월 플러럴사이트에 3천 6백만 달러에 인수되기도 하였다.

코드카데미는 코딩을 배우면서 직접 실습까지 할 수 있으며, 실제 코딩한 것이 화면에 어떻게 보이는지 확인할 수 있다. 아래의 그림을 보면 가장 왼쪽에 튜터리얼형 설명이 있고, 가운데 어두운 화면에서 코딩을 수행하면 실제 웹사이트 등에서 보이는 모습이 오른쪽 화면에 나오는 형식이다. 또한 한글로도 지원을 하고 있어, 손쉽게 접근할 수 있다.

코드카데미 홈페이지

아이들을 위한 코딩교육, 더 푸스(The Foos)

5살 이상의 아이에게 처음으로 코딩을 가르치고 싶다면 더 푸스를 추천한다. 프린스턴 대학 교수와 하비머드 대학 교수들이 협력해 만든 교육용 앱으로 웹에서도 동일한 경험이 가능하다.

블록형 코딩으로 되어있어 누구든 쉽게 코딩의 원리를 배울 수 있으며 캐릭터의 활동을 코딩으로 구성해 각각의 미션을 해결해나가는 전개 방식을 가지고 있다. 코딩에 문외한인 성인에게도 이 앱을 추천한다. 몇 번의 사용만으로 코딩이 무엇인지 감을 잡을 수 있을 것이다. 흥미로운 스토리 라인과 게임 기능 또한 가지고 있어 재밌게 코딩의 원리를 배울 수 있다.

(출처 : The Foos 앱 화면 사이트)

새로운 교육과정의 등장과 미래 교육

학교 교육을 중심으로 STEM, STEAM, 코딩교육이 활성화되고 있다. 정부에서는 이를 지원하는 정책을 내놓고 있으며, 민간 기업들은 이에 발맞추어 다양한 프로그램을 개발하고 있다.

미래형 교육과정은 비단 위의 세 가지 만이 아닐 것이다. 미래학자들은 미래 사회에는 4C능력*이 중요하다고 말한다. 즉 논리적 사고력, 협업 능력, 창의력, 소통 능력이 더욱 중요해지는 시대가 오고 있는 것이다.

교육은 뗄래야 뗄 수 없는 우리 삶의 일부이다. 우리는 하나의 인격체로 살아가기 위한 필수 요소들을 모두 교육을 통해 배운다. 지난 인류 역사 동안 우리가 배워야 할 주제들이 시대에 따라 바뀌어왔듯이 이제는 4차 산업혁명 시대를 맞이하기 위한 새로운 배움의 주제들에 대한 고민이 필요하다.

이러한 노력에 기반한 민첩한 프로그램의 공급이 있을 때, 교육 프로그램은 삶의 일부로서 생명력을 가지게 된다. 따라서 우리는 새로운 교육과정을 어떤 방식으로 교육 제도 및 정책에 반영해나갈 수 있을지 계속해서 고민해나가야 할 것이다.

---

* 4C 능력 : '논리적 사고(Critical Thinking)', '협업(Collaboration)', '창의력(Creativity)', '소통(Communication)'을 말한다.

에듀테크 교육혁명 VI

재미있는 교육,
게임과 교육의 결합

밀레니얼 세대와 Z세대에게 게임은 하나의 문화로 일상 깊숙이 자리잡고있다. 문화의 변화와 학습 몰입의 중요성이 증가하면서 게임과 교육의 접목에 대한 여러 시도가 이어지고 있다. 이 장에서는 게임이 어떻게 교육과 결합되며 어떤 효과를 보이고 있는지 나아가 게임과 교육의 결합에는 어떤 사례가 있는지에 대해 논하고자 한다.

새로운 세대와
게임 문화

다음의 사진은 라스베이거스에 위치한 고객 서비스의 제왕 자포스*
의 모습이다. 2015년 방문 당시 필자는, 회사라기보다 놀이터에 가까운
모습이라는 느낌을 받았다. 실제로 자포스에 근무하는 직원들은 일과
중 언제든 사내 헬스 클럽을 이용할 수 있고 회사에서 제공하는 간식
을 자유롭게 즐기며, 노트북을 들고 빈 공간 어디서나 근무를 하고, 상
사와 자유롭게 소통할 수 있는 것은 물론 근무 시간에 동료들과 게임과
운동을 즐기기도 한다.

최근 이런 모습을 보이는 기업은 비단 자포스만이 아닌 듯하다. 실
리콘 밸리에 위치한 스타트업 기업과 IT 기업들은 이와 비슷하거나 이
보다 더 자유로운 모습을 보여주는 경우가 많다. 최근에는 우리나라
기업들도 스타트업을 중심으로 직원 중심의 문화와 사무 환경을 구축

---

* 자포스 : 미국 최대 온라인 신발 유통 회사다.

자포스 전경_사무실이라기 보다는 놀이터에 가깝다.

하기 위해 노력하고 있다. 이에 뒤질세라 삼성, SK 등의 대기업들도 직급 호칭을 없애고 야근 문화를 개선하는 등 다양한 활동들을 전개하고 있다.

이들은 왜, 우리가 그동안 보았던 기업의 모습과 달리 위계 질서와 규제들을 과감하게 벗어 던지고 있는 것일까?

그 이유는 창의적인 사고와 협업을 통한 창조의 중요성이 강조되는 비즈니스 환경에서 찾을 수 있다. 또 하나 중요한 요인은 기존 세대와는 다른 세대들이 기업에 몰려오기 시작했다는 것이다. 이제 1980년대 초부터 1995년 사이 태어난 밀레니얼 세대가 기업의 주역으로 떠오르고 있다. 또한 그다음 세대인 Z세대가 입사 준비를 마쳐가고 있는 실정이다. 이 세대들은 기존의 베이비부머나 X세대와는 달리 자유로움을 중시하고, 성공보다는 의미 있는 일을 원하며, 정보를 공유하는

자포스 전경 : 일하는 모습이 자유롭고 곳곳에 구성원들을 위한 공간이 보인다.

디지털 환경에 매우 친숙하다는 특성을 가지고 있다. 기업들은 이들이 주역이 될 날이 머지 않았기에, 이들이 일할 문화를 만들고 이들에게 맞는 환경을 제공하기 위해 파격적인 변신을 도모하고 있는 것이다.

교육과 게임의 결합에서 밀레니얼 세대와 Z세대를 이야기하는 것이 다소 의아하게 느껴질 수 있지만, 교육과 게임의 결합을 이해하기 위해서는 지금 시대를 살아가는 각 세대들의 특성을 아는 것이 우선이다. 본격적으로 게임과 교육을 말하기에 앞서 이 부분에 대해 먼저 살펴보고자 한다.

새로운 시대의 주역, 밀레니얼 세대와 Z세대의 등장

현시대를 살아가는 몇 개의 세대는 다음과 같이 구분할 수 있다.

우선 1946년에서 1964년까지 태어난 베이비부머 세대에 대해 알아보자. 이들은 말 그대로 많은 자녀가 미덕인 시대에 태어나 지금까지의 경제 성장을 이끈 세대이다. 성공을 위한 수단으로서의 일이 우선이었기 때문에 그들에게 성공이란 마치 진리와 같은 단어였다. 수많은 성공담 및 자기계발 서적이 이들을 대상으로 쏟아져 나왔던 것도 바로 이런 이유 때문이다. 이들은 가족을 위해 열심히 일하는 것을 당연하게 생각하며 야근이나 주말 특근도 마다하지 않았다. 사람 대 사람 중심의 교육을 받았으며 오프라인 교육이나 포럼 참여 등으로 형성한 다양한 인맥이 능력을 향상시키는 주요 수단이었다.

다음으로 등장한 세대는 X세대이다. 1965년에서 1979년까지 태어난 세대를 말한다. 이들은 베이비부머의 교육을 받으며 자라나 기성세대가 되었을 때 인터넷 혁명을 겪었다. 이후 사회 지도계층이 되었을 때 모바일 혁명, 4차 산업혁명 등을 겪어 기술적인 변화의 역사를 가장 잘 알고 있는 세대이기도 하다. 그들은 전 세대인 베이비부머와

베이비 부머	X세대	밀레니얼	Z세대
1946~1964	1965~1979	1980~1995	1996~2000년대
성공을 위한 Hard work	Work-life balance	멀티태스킹 디지털 친숙	독립적/합리적 디지털 네이티브

달리 맹목적인 성공보다는 일과 삶의 조화를 통한 행복하고 균형 있는 삶을 추구한다. 일도 중요하지만 여가나 취미, 가족과의 시간 또한 그들의 중요한 가치이다. 이들은 오프라인 학습, 온라인 학습, 모바일 학습, 오프라인 포럼 참여, 소셜 미디어 등 다양한 정보원들을 통해 역량을 증가시켜 나간다.

최근에 가장 이슈가 되는 세대는 밀레니얼 세대라 불리는 Y세대이다. 이들은 1980년부터 1995년까지 태어난 세대로 멀티태스킹이 일반화되어 대화를 하면서 SNS를 하고, TV 시청과 인터넷 검색, 전화 통화가 동시에 가능한 세대이다. 새로운 2000년대를 이끌 세대라는 의미로 밀레니얼 세대라 불리고 있다.

밀레니얼 세대는 자기 확신이 강하고 즉흥적이며, 상호 공유를 즐기고 성공보다는 의미있는 일을 하는 것을 중요시하는 특징이 있다. 특

미국 인력 구조의 변화

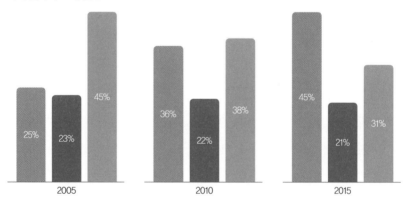

■ Millennials ■ Generation X ■ Baby Boomers

(출처: Intergenerational Strategies for Developing Emerging Training Professionals in Government – Dr. Fred Lang & Lee Perils [ATD ICE 2015])

히 이들은 디지털에 매우 익숙한 세대로 학창 시절부터 인터넷을 즐겨 사용해왔다. 직업을 대하는 이들이 태도를 베이비부머와 비교해보면 극명한 차이를 볼 수 있다. 평균 근속률이 11년인 베이비부머에 비해 밀레니얼 세대의 평균 근속율이 상대적으로 짧다. 인터넷 등 정보 접근성 증가(이직을 위한 정보에 보다 쉽게 접근할 수 있으며, 기업 역시 우수인재의 정보에 보다 쉽게 접근할 수 있음)로 인한 노동시장의 유연성 증가가 하나의 이유이다. 또 다른 이유는 평생직장의 개념이 없어지면서 자신의 성공을 위한 직장이 아닌, 가치를 실현하기 위한 직장이 되어가기 때문이다. 즉, 과거에는 돈을 벌거나 높은 위치에 오르기 위해 가치와 맞지 않은 일을 하며 한 직장에서 근무했지만, 지금은 자신의 가치를 찾아서 이직하려는 성향이 많아지고 있는 것이다.

밀레니얼 세대가 중요한 이유는 2020년 이후 전 세계 현장 인력의 50%를 차지하게 된다는 데 있다. 베이비부머 세대의 은퇴가 본격화되면서 X세대가 이들을 커버하지 못하는 현상이 발생하고 있다. 실제 X세대는 베이비부머 은퇴자의 50%만을 대체할 수 있는 인구구조를 가지고 있다. 밀레니얼 세대가 이런 빈자리를 빠르게 채워야 하기 때문에 그 중요성이 높아지고 있는 것이다.

밀레니얼 세대 이후 1996년도에서 2000년대에 태어난 세대를 Z세대라 하는데, 이들이 대학에 입학하면서 새로운 세대로 주목받고 있다. Z세대의 가장 큰 특징은 출생과 동시에 디지털을 접한 '디지털 원주민'이라는 점이다. 태어나면서부터 핸드폰과 컴퓨터, 태블릿을 자연스럽게 접한 부류로 독립적이고 합리적이라는 특성을 지니고 있다.

구매의 50% 이상이 온라인에서 이루어지고 있을 정도로 기존의 세대와 소비 패턴이 다르다는 것이 특징이며, 디지털 원주민답게 적극적으로 SNS를 즐기고 콘텐츠를 소비할뿐만 아니라 스스로 콘텐츠를 제작하는 일도 즐긴다는 것도 기존 세대와 다른 모습이다. 또한 인터넷, 이메일은 기본이고 실시간 채팅을 즐기며 인터넷 게임과 랩 음악을 좋아한다는 특징이 있다. 밀레니얼 세대가 두 개 정도의 디바이스를 동시에 즐긴다면, Z세대는 4~5개 정도의 디바이스를 동시에 즐길 수 있을 정도로 멀티태스킹 능력이 더 진화했다. 즉, 이들은 TV를 보면서 TV에 나오는 옷을 태블릿으로 홈쇼핑하고, 친구들과 스마트폰으로 채팅을 진행함과 동시에 노트북으로 게임 아이템을 키우는 방식에 익숙한 것이다.

새로운 문화, 게임

X세대나 베이비부머의 경우 어렸을 때 친구들과 운동을 하거나 사방치기, 술래잡기, 고무줄 등의 놀이를 하며 시간을 보냈다. 그리고 전자 오락실이라는 것이 생겼을 때 부모님에게 "게임은 나쁜 것이다", "게임에 중독된다" 등 전자 오락에 대한 나쁜 이미지를 주입당하며 성장했다.

하지만 지금의 밀레니얼 세대나 Z세대들은 사람들과 게임을 하며 여가 시간을 즐긴다. 스마트폰으로 삼삼오오 모여 카카오게임을 하고,

채팅으로 게임하는 방법을 토론한다. 운동장에서 뛰어 노는 것이 주 놀이가 아니라 각자의 스마트폰으로 함께 게임하는 것이 하나의 문화로 자리잡아 있는 것이다. 기성세대들은 잘 찾지 않는 게임방으로 친한 친구들과 게임을 하러 가는 것이 주된 놀이 방식이며, 지구촌 반대편에 있는 친구와도 게임으로 친구가 되어 서로 대화하고 공감대를 나누기도 한다.

밀레니얼과 Z세대를 통합하여 게임 세대라 부르기도 하는데 지금의 게임을 단지 하나의 유행으로 보기에는 그 영향력이 매우 크다. 미국의 경우 전체 인구 3분의 2에 해당하는 2억 1천만 명이 게임을 즐기고 있으며 모바일 게임의 성장과 더불어 더욱 확장되고 있는 실정이다. 게임을 남자들만의 문화라 보는 세간의 편견과 달리 미국의 게이머 47%가 여성일 정도로 나이와 성별을 초월한 하나의 문화로 자리잡고 있다.

우리나라의 경우에도 9세에서 30세까지 90%가 게임을 경험해 보았으며 그 중 45%가 하루 평균 1~3시간 정도 게임을 즐길 정도로 게임 문화는 계속해서 확산되고 있다. 2013년 6월 카카오 게임으로 출시된 '모두의 마블'은 단일 게임으로 매출 1조원 돌파를 앞두고 있으며 글로벌 다운로드 수도 2억 회에 달한다. 모두의 마블 제작사인 넷마블게임스는 2013년 1천 3백억 대의 매출에서 2015년 1조 1천억 원에 육박하는 매출을 보일 정도로 눈부신 성과를 이루고 있다. 영화「암살」과「베테랑」이 각각 1천억 정도의 매출을 기록한 것에 비교한다면 게임 산업의 규모가 어느 정도인지 예상할 수 있을 것이다.

한국콘텐츠진흥원 자료에 따르면 2012년 국내 게임 시장 규모는 이미 10조 원을 돌파했다. 이는 국내 화장품 시장 규모와 맞먹는 수치이며 매년 20% 이상의 상승율을 보일 정도로 그 성장세가 가파르다.

이제는 하나의 문화로 잡은 게임과 관련 분야의 지속적인 성장은 교육에 있어서도 간과할 수 없는 키워드로 다가오고 있다. 교육과 문화는 뗄래야 뗄 수 없는 관계로 게임 또한 교육이 접목해야 할 새로운 분야가 된 것이다.

우리는 놀이와 학습을 별개로 생각한다. 하지만 우리는 언제나 놀면서 배우고 배우면서 놀아왔다. 함께 놀이를 하며 규칙, 전략과 협동, 대인 관계 능력을 배워왔다. 놀이와 학습은 매우 밀접하게 연결되어 있다. 규칙을 배우고 거듭 시도하는 과정을 통해 놀이를 더 잘하게 되듯이, 학습 또한 배우고 연습하면서 더 잘하게 된다. 놀이와 학습의 과정이 비슷한 만큼 이 둘을 묶었을 때 더 재미있는 학습, 더 몰입되는 학습, 더 성과 있는 학습이 되는 것이 당연한 일일 것이다.

교육을 놀이와 결합하는 가장 좋은 방법이 바로 게임이다. 게임은 사전적으로 '규칙을 정해놓고 승부를 겨루는 놀이'라는 정의를 가지고 있다. 단순한 놀이는 규칙과 승부가 없어 교육의 의도와는 다르게 갈 수 있지만 게임을 통해 이런 부분을 보완하면 보다 계획화된 학습을 진행할 수 있다. 실제로 게임의 유래 중 하나로 게임이 교육을 위해 시작되었다는 가설이 지지를 받고 있기도 하다. 실제 장기는 초한 시대의 전쟁을 바탕으로 전략과 전술을 가르치기 위해 만들어졌고 체스 또한 귀족의 자체들에게 전략과 전술을 가르치는 데 활용됐다고 한다.

LESSON
②
게임에 대한
이해

게임의 분류와 구성 요소

교육과 게임의 접목을 논하기 전, 게임에 대한 이해도를 높이기 위해 그 분류와 구성 요소에 대해 살펴보자. 게임은 그 형태와 전개 그리고 도구에 따라 크게 스포츠, 보드 게임, 비디오 게임으로 나눌 수 있다.

스포츠는 모두가 알다시피 인간의 움직임을 동반하는 게임으로 농구, 야구, 축구, 수영 등 우리가 익히 알고 있는 스포츠 종목이 여기에 포함된다. 즉 스포츠는 일정한 규칙에 의해 승부를 가르는 게임의 정의를 충족하는 신체적 활동을 말한다.

보드 게임은 말판, 말, 주사위 등 다양한 도구를 활용해 책상 위에서 경쟁하는 게임을 의미한다. 장기, 체스, 카드, 바둑, 오슬로 등이 여기 해당된다.

마지막으로 비디오 게임은, 게임하면 가장 먼저 떠오르는 게임을 가리킨다. 비디오, 컴퓨터, 인터넷, 모바일 게임을 모두 포함하며 최근에는 가상현실과 증강현실까지 더해 그 기술의 발전이 급속하게 이루어지고 있다. 다시 말해 비디오 게임은 컴퓨팅 기술을 활용한 소프트웨어 및 하드웨어를 이용하는 게임을 의미한다.

비디오 게임은 동시에 여러 가지 요소를 가지고 있어 명확하게 구분해 내기 힘들지만, 편의상 아래와 같이 설명할 수 있다.

액션 게임은 게이머의 동작에 따라 승패가 결정되는 종류로 격투 게임, 스포츠 게임 등이 있으며 오버워치, 피파온라인, 위쳐3 등이 이에 포함된다. 어드벤처 게임은 말 그대로 모험을 하는 종류로 툼레이더, 원숭이섬의 비밀 등을 들 수 있다. 롤플레잉 게임은 게임 속의 게이머가 미션을 수행하고 능력치를 키워가며 성장하는 게임이다. 던전앤파이터, 리니지, 월드오브워크래프트가 대표적이다. 시뮬레이션 게임은 어떠한 상황을 모의로 재현하는 형식의 게임으로 도시 건설 게임인 심시티, 심즈 등을 들 수 있다. 전략 게임은 전략을 통해 경쟁에서 이기는 게임으로 리그오브레전드, 스타크래프트가 인기를 얻고 있다.

그렇다면 게임을 구성하는 요소는 무엇일까? 다양한 정의가 있지만 Schell은 옆의 그림과 같이 네 가지 프레임워크를 게임의 요소로 들었다.

이야기란 게임에서 제공되는 사건의 흐름을 말하며 메커니즘은 게임을 구성하는 절차와 규칙을 의미한다. 기술이란 게임을 만드는 데 필요한 하드웨어, IT

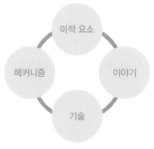

Schell의 게임의 프레임워크

기술 등을 뜻하고 미적 요소란 게이머가 직접적으로 느끼는 게임의 외적 모습인 디자인, 배경 음악, 캐릭터, 음향 효과 등을 포함한다.

증강현실 게임으로 전 세계적인 인기를 얻고 있는 '포켓몬 고'를 예로 들어보자. 포켓몬 고는 포켓몬의 이야기 구조에 포켓몬을 획득하고 훈련시켜 대결하는 메커니즘을 가진다. 증강현실 기술 기반으로 구성되어 있으며 여기에 사용되는 음향, 캐릭터 디자인, 현실의 배경 등이 미적 요소에 해당된다.

게임 기반의 교육을 구성할 때도 이런 요소를 충분히 고려해야 한다. 이야기의 구조, 기술적인 요소, 미적 요소, 그리고 메커니즘에 이르기까지 교육 대상에 적합한 구조로 구성해나가는 것이 중요하다.

게임 하면서 공부하기, 게임 러닝

게임 러닝(g-learning), 게임하면서 교육을 즐긴다

게임과 교육의 결합은 크게 두 가지로 나눌 수 있다. 게임 자체가 교육이 되는 '게임 러닝'과 교육에 게임의 요소나 메커니즘을 결합하여 효과를 높이는 '게이미피케이션'이다. 전자는 게임 자체가 교육 프로그램이 되는 것이며, 후자는 교육 프로그램 속에 게임적 요소가 가미되는 것이라 이해하면 좋을 것이다.

우선 게임 자체가 교육이 되는 게임 러닝에 대해 알아보자. 게임 러닝은 그동안 다양한 시도가 있었던 분야이다. 교육과 엔터테인먼트를 결합한 에듀테인먼트가 꾸준하게 시도되었으며 현재 높은 수준의 프로그램들이 등장하고 있다. 특히, 게임 기술과 게임 산업의 발전은 이런 게임 러닝의 등장을 더욱 가속화시켜 다양한 프로그램들이 출시되고 있는 실정이다.

영어를 게임으로, 호두 잉글리시

게임을 하면서 영어를 즐겁게 배울 수는 없을까? 라는 생각에서 착안해 국내 최고의 게임 회사와 어학교육 회사가 공동으로 개발한 것이 바로 '호두 잉글리시'이다. 게임을 진행하면서 다양한 미션을 수행하고 이를 통해 자연스럽게 영어를 배울 수 있는 프로그램으로 마니아가 나올 정도로 인기가 좋다. 무료 체험 후 유료로 전환되는 비율이 70%, 한 번 체험 후 집에서도 하고 싶다고 응답한 비율이 96%에 이를 정도로 아이들의 흥미와 몰입을 창출하는 데 성공한 프로그램이라 할 수 있다. 다양한 캐릭터, 배경화면, 디자인 등의 미적 요소와 미션을 통한 아이템 획득, 레벨이 높아지는 재미 등의 메커니즘이 잘 어우러져 영어 학습에 대한 아이들의 거부감을 자연스럽게 없앤 것이 특징이다.

(출처 : 호두 잉글리시 홈페이지)

세계 최고의 기업교육 게임, 게임런

스페인 마드리드에 본사를 둔 '게임런'은 2008년에 설립되었다.

기업교육을 재미있게 진행하기 위한 다양한 프로그램을 선보이고 있다. 다양한 베스트셀러 상품들이 있지만 목표 수립과 관리를 배울 수 있는 '트리스켈리온', 비즈니스 협상을 배울 수 있는 '머천트', 리더십을 배울 수 있는 '퍼시픽' 등이 대표적이다. 퍼시픽은 리더십 및 팀 관리에 대한 시뮬레이션 게임으로 섬에 갇힌 학습자가 그룹의 리더로서 기구를 만들어 탈출하는 목표를 기반으로 움직이는 게임이다. 탈출 과정에서 구성원과의 갈등, 자연 재해 등 다양한 어려움을 극복하면서 리더십을 배울 수 있다. 3D로 구성된 디자인과 몰입감을 높여주는 화면 구성이 특히 높은 평가를 받고 있다.

게임 러닝에 대한 게임런의 꾸준한 투자는 현재 현대자동차, 시스코, 이베이 등 세계적인 기업의 선택을 이끌어 냈으며 1천 개 이상의 수강 기업을 자랑한다. 또한 90% 이상의 수료율, 93%의 추천 비율, 10점 만점에 9.2 만족도로 뛰어난 학습효과를 수치적으로 증명해보이고 있다.

(출처: 게임런 홈페이지)

게임으로 인성 교육을, 쥬 유_{Zoo U}

Z세대는 어렸을 때부터 디지털 게임을 접하며 자라났다. 게임 속에서 규칙을 배우고, 다른 사람과 즐기는 방법을 배우며 성장한 것이다. 이런 세대의 특성을 반영해서 게임으로 인성 교육을 시도하는 사례가 쥬 유 프로그램이다.

쥬 유는 아이들의 사회 정서 능력을 함양하기 위한 온라인 게임으로 감정 조절 능력, 충동 억제, 공감 능력, 소통 능력 등을 배울 수 있는 프로그램이다. 게임을 통해 자연스럽게 사회의 일원으로 살아가는 방법을 익힐 수 있는 것이다.

쥬 유를 통해 상황에 맞는 게임을 하면서 인성 교육을 한다면 어떠할까? 축구 경기를 하면서 상황에 따라 친구들과 어떻게 해야 하는지 선택해보고 그 부분에 대해 피드백을 받는 형식으로 게임을 진행한다면, 교과서를 읽고 외우는 방법보다 훨씬 더 효과적인 학습이 될 수 있을 것이다.

운동 경기를 할 때 친구들과 함께하는 방법
- 정해진 규칙을 숙지해서 지켜야 한다.
- 상대방을 배려해야 한다.
- 감정이 폭발하면 안된다.
- 상대방이 규칙을 어겼을 때 먼저 말로서 설명해야 한다.
- 심판의 판단을 존중해야 한다.

VS

게임으로 신입사원 교육을, 마이 메리어트

신입사원들이 호텔 내 다양한 업무를 게임을 통해 체험할 수 있는 프로그램이 바로 '마이 메리어트'이다. 한정된 예산을 가지고 주방에서부터 호텔 업무를 출발하는 형식으로, 신입 사원들은 조리사 채용, 주방 기구 관리, 식료품 구입에 이르기까지 전반적인 업무를 해결하며 레벨을 높여간다. 레벨이 높아지면 다른 호텔 업무를 수행하면서 타 부서의 업무 및 회사 전반의 흐름을 파악할 수 있고, 미리 여러 가지 업무를 체험할 수 있어 교육생들에게 높은 점수를 받고 있는 프로그램이다.

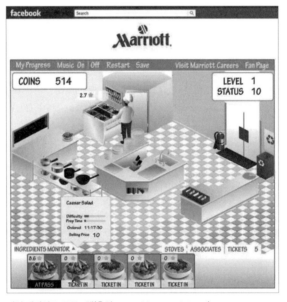

마이 메리어트 프로그램(출처 : www.blogs.marriot.com)

게임적 요소를 활용하기, 게이미피케이션

교육에 게임을 입히다, 게이미피케이션

게임 러닝과 함께 교육과 게임의 접목 분야에서 알아둬야 하는 키워드는 '게이미피케이션'이다. 게임화Gamification, 즉 게이미피케이션은 'Game'과 'fication(化)'의 합성어로, 게임이 가지고 있는 특성, 쉽게 말해 게임적인 사고와 디자인적인 요소 등을 활용하여 사용자를 몰입하게 하거나 문제를 해결할 수 있도록 만드는 과정을 의미한다. 정리하자면 게이미피케이션의 교육적 활용은 게임의 요소 중 일부를 활용해 학습에 몰입을 돕고 그 효과성을 높이는 과정을 말한다고 할 수 있다.

다음 표에서 볼 수 있듯이 게임 러닝과 게이미피케이션에는 몇 가지 차이점이 있다. 게임 러닝은 학습자 입장에서 게임 자체를 즐기면서 학습이 진행되는 것을 의미하며 게이미피케이션은 교육에 게임 요소를 활용하는 것을 말한다. 게임 러닝은 일반적으로 시뮬레이션 형식을

G – 러닝	게이미피케이션
게임 자체	게임이 아닌 분야에 게임 요소 활용
게임을 통해 학습함	게임 요소를 활용에 학습동기 고취
시뮬레이션 형식	LMS 등 System 형식을 가지고 있음
상대적으로 높은 투자	상대적으로 낮은 투자
개발에 고도의 전문성 필요	상대적으로 낮은 전문성 필요

게임 러닝(G–러닝)과 게이미피케이션의 차이

취하며 높은 전문성과 많은 투자가 들어가는 반면, 게이미피케이션은 시스템의 형식을 취하며 게임 러닝에 비해 상대적으로 적은 투자와 낮은 수준의 전문성을 요한다는 차이가 있다.

예를 들어 앞서 얘기한 쥬 유나 호두 잉글리시는 게임 러닝이며, 우리가 신용카드를 사용할 때 포인트를 받고 VIP 고객, 골드, 실버 등으로 등급을 나누어지는 것을 게이미피케이션이라 생각하면 된다. 게임에 들어가 다양한 시뮬레이션을 해결하고 게임 그 자체가 학습이 되는 것이 게임 러닝이다. 이런 게임을 만들기 위해서는 게임 자체를 개발해야 하기 때문에 높은 투자와 고도의 전문성이 필요하다. 신용카드를 사용할 때 포인트를 주고, 고객의 등급을 높이는 등 게임적인 요소를 활용하는 것이 게이미피케이션인데, 프로그램의 일정 부분에 게임 요소를 활용해 몰입과 흥미를 유발하는 것이 특징이다. 일반적으로 신용카드 등급 및 포인트를 실시간으로 확인할 수 있도록 설계된다. 게임 러닝보다 낮은 투자와 전문성이 필요한 것이 일반적이다.

교육에 게이미피케이션을 활용할 때에는 Schell이 말한 게임의 4요소 (이야기, 미적요소, 메커니즘, 기술) 중 일부만이 활용되며 일반적으로 게임 메커니즘이 사용되는 경우가 많다.

자주 사용되는 게임 메커니즘은 옆의 그림과 같다. 교육을 진행하면서 포인트를 준다든지 일정한 보상(온라인 배지 등)을 활용한다든지 아바타를 사용하여 재미있게 교육에 몰입하게 한다든지 레벨을 활용해서 학습 성취를 높인다든지 하는 방식으로 진행되며 교육을 보다 효과적으로 만들 수 있다는 것이 장점이다.

게임 메커니즘과 학습동기 이론인 ARCS 모델을 이어보는 것도 교육 게이미피케이션의 좋은 방법이다. 학습동기를 극대화하기 위해 게임적 요소를 교육에 적절히 가미시키는 방법이라 할 수 있다. 켈러Keller의 학습동기 이론은 주의 집중, 관련성, 자신감, 만족감을 높여 학습 동기를 상승시키는 이론으로, 이를 바탕으로 게이미피케이션을 설계하면 학습동기를 보다 효과적으로 정할 수 있다.

예를 들어 온라인 교육 프로그램에 ARCS 모델을 기반으로 게임 요소를 반영할 때, 주의 집중을 위해 교육 사전에 게임 메커니즘인 아바타를 꾸미게 하면 집중력 향상의 효과를 볼 수 있다. 교육 프로그램을 학습자의 환경과 유사하게 설계하면 관련성을 높일 수 있

Attention (주의집중)	학습자의 흥미 사로잡기
Relevance (관련성)	학습자의 필요와 목적에 맞추기
Confidence (자신감)	통제 하에 성공할 수 있다고 느낄 수 있도록 도와주기
Satisfaction (만족감)	보상을 통해 성취를 강화해 주기 (내재적/외재적 보상)

켈러(Keller)의 학습동기 이론 'ARCS'

으며 포인트를 부여하고 레벨을 올려주면 자신감을 심어줄 수 있다. 또한 온라인 배지 부여 등을 통해 보상에 대한 만족감을 줄 수 있다.

Point, Level, Badge

왼쪽 사례는 G사 모바일 연수원의 〈나의 강의실〉 모습이다. 일반적인 모바일 연수원(보통의 모바일 연수원은 진도율, 성적, 과제 제출 여부, 중간·기말고사 응시 여부 등을 중심으로 구성되어 있다.)과는 달리 게이미피케이션을 통해 학습동기 및 몰입 효과를 극대화하기 위해 구성되어 있다. 실제 아바타를 활용하고 있으며, 포인트와 레벨 그리고 배지들이 구성되어 있다. ARCS 모델을 바탕으로 학습동기를 극대화시키기 위한 게임요소의 활용, 즉 게이미피케이션 구현에 노력을 기울인 사례이다.

본 모바일 연수원에서는 수업을 들으면 포인트가 생성되고, 포인트에 의해 레벨이 형성된다. 이를 통해 상호 경쟁 및 몰입 효과를 높이고 성과에 따라 배지를 제공하여 재미를 주려 노력하고 있다. 자신의 아바타를 직접 선택할 수도 있다.

게임화 도구, 클래스클래프트

클래스클래프트란 캐나다의 고등학교 물리교사인 숀 영Shawn Young이 개발한 수업용 게이미피케이션 사이트이다. 2만 개 이상의 학교에서 활용하고 있으며, 교사들은 무료로 사용할 수 있다.

클래스클래프트 사이트

    수강생들은 수업을 시작할 때 아바타를 정해 활용할 수 있고 경험포인트(수업 질문에 답하거나 다른 학생을 돕는 경우 등), 체력 포인트 (지각, 과제 미제출 등), 능력 포인트(다른 수강생을 자신의 능력으로 돕는 경우)들을 통해 수업에 재미 요소를 더한 사이트이다.

    클래스클래프트 측은 이 사이트의 활용을 통해 수강생들의 학습동기가 증가되고, 교실의 다양한 활동들을 활성화하며, 교사들이 함께 협력하며 수업을 만들어 갈 수 있다는 장점이 있음을 강조하고 있다.

아바타가 등교하는 일본 메이세이 고등학교

    2015년 개교한 방송통신 고등학교로, 기존 방송통신 고등학교의 경우 연간 20일 출석을 거부하는 학생들을 위한 대안으로 설립됐다. 학생은 자신의 분신인 아바타를 인터넷상의 가상 학교에 보내는 것으로

일본 메이세이 고등학교 사이버 학습국

출석을 대신할 수 있다. 컴퓨터나 스마트폰의 전용 프로그램을 가동하여 등교를 하지 않고도 시간과 장소의 구애없이 수업을 들을 수 있고 모든 수업이 20분 이내로 제한되어 있어 지루하지 않다는 평을 받고 있다. 실제 오프라인으로 출석해야 하는 경우는 연간 4일뿐이다. 인터넷을 통해 재학생끼리 서로 교류하고, 사이버 도서관을 통해 전자 책을 대출하고 열람하는 것이 가능하다. 학습포인트를 통한 구매가 가능하며 아바타, 포인트, 레벨, 배지 등 게이미피케이션 요소들을 다양하게 활용하고 있다는 것이 특징이다.

리더십 교육에 게이미피케이션 활용, 딜로이트 리더십 아카데미

'딜로이트 리더십 아카데미'는 온라인 기반의 리더십 교육 프로그램으로, 14개국 이상의 나라에서 5만 명이 넘는 임직원들이 참여하는 사내 리더십 교육 프로그램이다.

(출처 : Shagun Nayyar 링크드인 페이지)

교육생들은 온라인 교육 포털을 통해 하버드 경영대학원, 스탠퍼드 경영대학원, 멜번 대학 등 다양한 교육 기관에서 제공하는 프로그램을 수강할 수 있는데 게이미피케이션 요소인 배지, 리더보드, 미션 등의 요소를 사이트에 적용해 교육 효과를 극대화하고자 노력했다. 이수한 강의 수에 따라 포인트와 배지를 획득하고, 점수가 높은 사람은 리더 보드에 오르는 형식으로 인사 시스템과도 연계되어 있어서 직원들의 학습동기에 많은 영향을 주고 있다.

실제 게이미피케이션을 적용한 결과 하루에 교육 사이트에 접속하는 직원들의 수가 46.6% 상승했으며 주별로 보았을 때는 접속하는 교육생 수가 36.3%가 증가했다고 한다. 이를 통해 조기 리더십 아카데미 졸업생과 교육 이수에 따른 배지 획득자가 증가하는 등 게이미피케이션 적용만으로 학습동기를 높이는 효과를 본 사례라 할 수 있다.

교육, 게임을 더해 학습효과를 높이다

교육은 학습자의 몰입과 성장 그리고 성과 창출이라는 구조를 갖는다. 교육을 통해 원하는 것을 얻기 위해서는 가장 먼저 몰입이 이뤄져야 한다. 몰입을 유도하기 위해 교육은 다양한 방법을 찾아왔다. 최근 게임 세대의 등장과 게임이 문화로 자리잡는 현상을 따라 몰입을 높이기 위해 게임이라는 요소를 적극적으로 활용해야 할 필요가 있다.

최근의 모바일 게임과 가상현실 및 증강현실 기술의 진보 등 게임의 발전은 그 속도에 박차를 가하고 있다. 이런 기술의 발전에 발맞추어 학습자의 재미와 몰입을 이끌어내기 위해서는 교육과 게임의 결합이 필연적이다.

다양한 연구 결과를 통해 게임의 교육적 효과가 증명되고 있는데, 국내 42개 초등학교, 해외 소재 학교를 대상으로 콘텐츠경영연구소가 진행한 조사에 따르면 게임 러닝을 적용했을 때 학습 성과가 10점에서 20점 정도 높아지

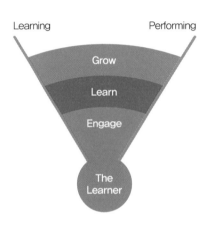

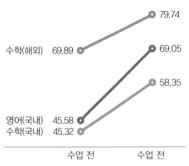

2011년 G러닝 수업 성과(평균점수)

79.74

수학(해외) 69.89   69.05

58.35

영어(국내) 45.58
수학(국내) 45.32

수업 전   수업 전

※ 국내는 경기도 소재 42개 초등학교, 해외는 미국
  LA 소재 로버트 케네디 앰배서더 스쿨
  (자료 : 콘텐츠경영연구소)

는 것을 확인할 수 있으며, 과목별 특성을 가리지 않고 나타나는 점 또한 주목할만하다.

　이런 연구 결과는 게임이 교육에 대한 몰입과 흥미를 더해 주는 것뿐 아니라 듣고 읽는 교육이 아닌 직접 경험하는 교육이 이루어지기 때문에 당연한 결과라 볼 수 있다.

에듀테크의 서막,
무크와 플립 러닝의 등장

전 세계적으로 최근 교육 관련 가장 뜨거운 키워드를 꼽으라 하면 무크(MOOC)와 플립 러닝이 빠지지 않을 것이다. 이 두 단어는 디지털 기술과 교육의 접목이라는 에듀테크의 서막과도 같은 용어이다. 어찌 보면 무크와 플립 러닝의 활성화와 대중화가 에듀테크 시대로의 변화를 더욱 가속화시켰다고도 할 수 있다. 실제로 두 가지 키워드는 현재 실생활에 매우 가까이 다가와 있으며 또 다른 교육 혁명을 예고하고 있다.

무크와 플립 러닝을 중심으로 새로운 개념들이 더해지면서 에듀테크는 더더욱 교육 혁명의 중심에 서게 될 것이다. 이 장에서는 에듀테크의 출발점이라 할 수 있는 무크와 플립 러닝의 현주소와 시사점에 대해 살펴보도록 하자.

무크, 세계 최고의
온라인 콘텐츠를 무료로 공개하다

무크 열풍을 주도하는 사이트

앞서 말한 바와 같이 무크MOOC 열풍을 주도하는 사이트는 스탠퍼드 대학 중심의 코세라, 하버드와 MIT 중심의 Edx 그리고 구글에서 출발한 유다시티이다. 스테파니 미첼Stephanie Mitchell 하버드대 총장은 2013년 가을 하버드대 입학 행사에서 무크는 "지진과 같은 변화"를 불러오고 있다며 무크가 앞으로 대학 체제를 개편할 것이라 예견했다.

대학 중심의 무크 외에 초·중·고등학생 대상의 무크로 대표적인 곳은 칸 아카데미라 할 수 있다. 이 사이트의 핵심 콘텐츠는 수학이며, 칸 아카데미의 학습 구조를 따라가면 기초부터 단계별로 수학 학습을 진행할 수 있다. 마이크로소프트의 빌 게이츠가 그의 자녀와 함께 공부하면서 적극 후원하는 사이트로 유명한 곳이기도 하다. 현재는 과학, 역사, 물리, 화학, 경제학 등으로 그 분야를 넓히고 있다.

무크에 대한 비판과 진화

무크의 확장성에 대한 가장 많은 비관적 의견은 바로 수료율에 관한 것이다. 많은 사람들이 무크를 수강하지만 수료율은 5~9% 정도로 매우 낮다. 강의를 듣는 사람 중 90% 이상이 사람이 중도에 포기하거나 탈락한다는 의미이다.

탈락의 이유로는 글로벌 학생들의 경우, 강의가 영어로 진행되고 내용이 어렵다는 점도 있지만, 추가 비용 없이 재수강이 가능하다는 점이 크게 작용한 것으로 보인다. 수료를 하지 않아도 경제적 손해가 없다보니 학습동기가 다소 떨어진 것이다. 또한 운영 서비스(학습독려, 1:1 상담)가 포함되지 않아 학습관리를 스스로 해야 한다는 이유도 있다.

무크는 새로운 학습관리 시스템의 도입을 통해 이런 단점을 극복하려 노력하고 있다. 코세라의 예를 들어보면, 사전에 일정 비용(30~90달러)을 지불하고 수료증을 발급받는 조건으로 수업을 진행하는 Signature track이라는 코스를 운영하고 있다. 유료이기 때문에 학습을 진행하면서 일정 부분의 관리 또한 받을 수 있다. 이 코스의 수료율은 2013년 74%에서 2015년에는 80%를 넘을 정도로 빠르게 상승하고 있다.

또한 지역별 오프라인 공간인 코세라 Learning hubs를 늘리고 있는데, 혼자 학습하기 힘들어 하는 학생들에게 온라인 상의 공동 공간에서 동료나 퍼실리테이터와 함께 학습을 진행할 수 있도록 하는 것이다. 이 프로그램에서의 수료율은 50%에 이른다.

무크는 파괴적인 혁신으로 시작해 많은 비판을 받아 왔지만, 이를 극복하면서 새로운 교육 혁명의 트렌드로 자리잡아 가고 있다.

NEEDS 1 3대 무크 강의, 코세라, Edx, 유다시티

시간을 투자해서 분야별 대학 강의를 마스터하고 싶은 사람에게 추천.

1 코세라

① **인터넷 역사, 기술, 보안(원제 : Internet History, Technology, and Security)** | 강사 · 미시간 대학교 찰스 세바스찬

세상을 바꾼 인터넷 기술들의 변화를 알기 쉽게 설명한 자료로, IT 환경의 변화 부분을 명쾌하게 정리해주고 있다.

② **머신 러닝(원제 : Machine Learning Stanford)** | 강사 · 스탠퍼드 대학교 앤드류 응

코세라의 출발이라 할 수 있는 강의로, 대표적인 인기 강좌이다. 빅데이터를 분석하는 기법 중 하나인 머신 러닝에 대해 알기 쉽고 깊이있게 강의해주는 것이 특징이다.

2 유다시티

창업의 방법(원제 : How to Build a startup) | 강사 · 컨설턴트 스티브 블랭크

린 스타트업의 창시자 에릭 리스의 스승인 스티브 블랭크가 실리콘 밸리에서의 성공 경험과 자신만의 고객 발굴 및 사업 검토 모델을 바탕으로 기업가를 위한 린 스타트업과 신규 비즈니스 성공 전략을 제시한다.

NEEDS 2 짧은 특강 강의 중심의 테드

짧은 시간 동안 통찰력을 얻고 싶다면 추천한다.

테드는 짧은(10~20분) 특강 형식으로 진행되며 빌 게이츠, 살만 칸 등 저명인사들의 생생한 강의를 통해 통찰을 얻을 수 있다. 한글 자막이 지원되는 콘텐츠가 많기 때문에 시간적으로나 언어적으로 쉽게 접근할 수 있다.

NEEDS 3 영어가 어렵다면 한국 대학 강의 무크

1 케이무크

심리학의 이해 | 강사 · 이화여자 대학교 양윤

심리학의 기본 개념들을 역사별 혹은 대표적 심리학자별로 정리하면서 배울 수 있다.

2 스누온

뇌의 신비 | 강사 · 서울대 자연 과학 대학 강봉균

우리 인간의 전반적인 뇌작용에 대해 알기 쉽게 설명해 준다. 특히, 최근 뇌과학 연구 트렌드와 현황에 대해서도 강의하고 있어 뇌과학을 비즈니스에 어떻게 적용할 지 생각해 볼 수 있다.

교실에서 시작된 에듀테크, 플립 러닝

플립 러닝의 이해

플립Flip이라는 단어는 뒤집는다는 뜻으로 플립 러닝이란 기존 교육 방식을 뒤집는 교육이라는 의미이다. 전통적 교육이 교실에서 강의를 듣고 집에서 숙제를 하며 실천 학습을 했다면, 플립 러닝은 집에서 온라인을 통해 사전에 강의를 듣고, 교실에서는 동료나 선생님과 실천 학습을 진행하는 것을 의미한다. 플립 러닝을 다른 말로 Flipped

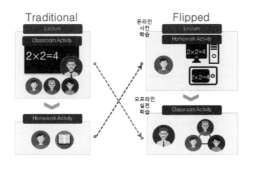

classroom(우리말로는 '거꾸로 교실'로 번역된다.)라 부르기도 한다. 즉 강의 중심에서 실습 중심으로 뒤집어진 교실 수업을 강조하는 단어라 말할 수 있다.

플립 러닝은 미국 시골의 두 과학 교사로부터 출발했다. 우드랜드 파크 고등학교의 교사인 존 버그만과 아론 샘은 일방적인 강의식 수업 대신 다른 방식으로 수업을 진행하면 보다 효과적인 과학 수업이 가능할 것이라는 믿음이 있었다. 두 교사는 과학 교과에 플립 러닝을 접목해 많은 효과를 보았고 실제 적용한 내용과 이론적 기반을 정리해 책으로 출간했다. 이것이 미국 전역에 엄청난 파장을 일으키면서 플립 러닝이 교육계에 뜨거운 감자로 등장하게 된 것이다.

플립 러닝을 탄생시킨 단 하나의 핵심 질문은 이것이었다. '학생과 일대일 수업을 진행할 때 가장 좋은 방법은 무엇일까?' 수업을 위해 교실에 함께 모이는 것은 참여자의 시간과 공간적 효율성을 고려할 때 매우 중요한 일인데 이 시간을 교사의 일방적 강의로만 보내는 것은 낭비라 여겨졌기 때문이다.

과학 교사인 존 버그만은 그의 동료 아론 샘과 함께 새로운 방식의 수업을 진행해나간다. 우선 오프라인 교실 수업은 실습 중심으로 학생들이 가장 많은 것을 얻어갈 수 있도록 설계하고, 강의 중심의 수업은 디지털 기술을 활용해 사전에 온라인으로 진행할 수 있도록 조정한 것이다. 온라인 이론 학습 + 오프라인 실천 학습으로 구성된 플립 러닝이 출발한 순간이었다.

과거 오프라인 교실에서 강의 중심의 이론 학습을 진행하고 집에서 실습 중심의 학습을 진행했다면 이것을 뒤집어 집에서는 온라인을 통해 이론 학습을 진행하고, 교실에서는 상호 토론하고 협력하는 실천 학습을 수행하게 된 것이다.

플립 러닝의 효과는 매우 인상적이었다. 사전에 온라인으로 이론 학습을 마스터한 학생들은 교실에서 보다 높은 수준의 학습 성과를 이끌어 낼 수 있었다.

플립 러닝 효과에 대한 이론적 근거

플립 러닝은 이론적으로도 충분한 근거를 가지고 있다. 그 중 첫 번째는 앞서 말한 미국 행동과학연구소의 학습효과 피라미드에 근거한다. 어떠한 내용을 공부할 때 듣기만 했을 경우 5%, 직접 읽었을 경우 10%를 하루가 지난 후에도 기억한다고 한다. 시청각 자료를 보고, 실습을 하고, 직접 설명하는 방식으로 학습하게 되면 그 효과는 더욱 증가하게 된다. 다시 말해 듣기만 하는 수업은 하루가 지나면 내용의 95% 가량이 잊혀지지만, 직접 탐구하고 토론하며 실습하는 학습은 90% 이상의 내용이 기억에 남아있게 되는 것이다. 이런 학습효과를 위해 플립 러닝은 모두가 모이는 가장 중요한 시간인 교실 수업에서 토론하고 상호 설명하며 실습하는 것에 집중한다. 학습효과가 낮은 강의식 학습 방법은 각자의 수준에 맞게 온라인 상에서 듣고 복습해보면 되는 것이다.

두 번째는 블룸의 목표 이론에 근거한다. 목표 이론에 따르면 교육의 목표에는 지식을 쌓고 이해하는 하위 목표와 분석하고 종합하고 평가하는 상위 목표가 있는데, 플립 러닝은 온라인 상에서 스스로 학습하며 하위 목표를 충족하고 교실에서는 함께 모여 상위 목표에 집중하는 방식인 것이다.

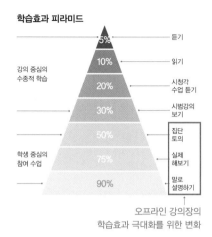

학습효과 피라미드

5% ─ 듣기
10% ─ 읽기
20% ─ 시청각 수업 듣기
30% ─ 시범강의 보기
50% ─ 집단 토의
75% ─ 실제 해보기
90% ─ 말로 설명하기

강의 중심의 수동적 학습

학생 중심의 참여 수업

오프라인 강의장의 학습효과 극대화를 위한 변화

출처 : NTL(National Training Laboratory)

요컨대, 플립 러닝은 교육 효과와 목표의 측면에서 보다 효과적으로 상위 목표를 달성하기 위한 방법이다. 디지털 기술을 이용하여 학습효과가 낮은 부분과 하위 목표는 스스로 학습하게 하고, 모두가 모이는 교실에서의 수업은 훨씬 더 효과적이고 의미있게 구성한 수업 방식이라 할 수 있겠다.

플립 러닝은 미국을 중심으로 빠르게 확산되고 있다. 2014년 플립 러닝을 아는 미국 교사는 96%에 이르며 실제 활용하는 교사 또한 78 %정도로 높다.

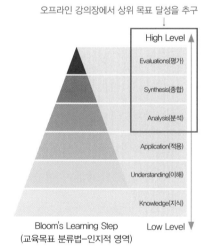

오프라인 강의장에서 상위 목표 달성을 추구

High Level

Evaluations(평가)
Synthesis(종합)
Analysis(분석)
Application(적용)
Understanding(이해)
Knowledge(지식)

Low Level

Bloom's Learning Step
(교육목표 분류법-인지적 영역)

플립 러닝의 확산

우리나라에서도 거꾸로 교실이라는 이름으로 플립 러닝이 반향을 일으키고 있다. 2014년 KBS가 제작한 프로그램인 '파노라마 21세기 교육 혁명, 미래 교실을 찾아서'에서 미래 교육을 주제로 플립 러닝이 방영된 이후 한국 사회에 매우 큰 영향을 주었다. 현재 교사들의 모임인 미래교실네트워크를 중심으로 학교 교육에서 빠르게 번져나가고 있는 상황이다.

중·고등학교와 더불어 플립 러닝을 주도하는 곳은 대학이다. 서울대, 카이스트, 유니스트가 선도적으로 플립 러닝을 도입하고 있는데 이 중 대표적인 곳이 바로 카이스트이다. 카이스트는 '에듀케이션 3.0'이라는 교육 방식을 활용하고 있다. 이 방식의 핵심은 '교수가 강의하지 말라'는 것으로 강의식 교육은 온라인상에서 학생 스스로 학습할 수 있게 하고 실제 강의실에서는 학생들과의 협업, 1:1 코칭, 프로젝트의 진행, 실습과 토론을 통해 교육 효과를 극대화하려는 플립 러닝의 철학을 그대로 따르고 있다. 공교육에서도 이런 흐름을 반영해 2018년부터 과학 교과목에 플립 러닝을 도입한다고 발표한 바 있다.

플립 러닝은 디지털 기술의 발전 없이는 불가능한 교육 방식이다. 온라인 이러닝 기술의 발전은 온라인 콘텐츠 제작에 대한 접근성을 낮추고, 실제 온라인 콘텐츠를 운영할 수 있는 LMSLearning Management System를 일반인들도 사용할 수 있도록 해주었다.

플립 러닝은 에듀케이션과 테크놀로지가 결합한 에듀테크의 대표적인 키워드로 최근 모바일 기술에 발달에 따라 더욱 가속화되고 있다. 개개인이 스마트 기기를 들고 다니는 환경은, 학습자의 디바이스를 통해 어디서든 온라인 사전 학습에 접근하고 또 다른 학습자나 교사들과 접속을 가능하도록 만들어주었다.

플립 러닝에 대해 설명할 때 가장 많이 듣는 질문은 브랜디드 러닝과 플립 러닝의 차이점에 관한 것이다. 브랜디드 러닝Blended learning은 이러닝 발전과 함께 등장한 용어로 온라인과 오프라인 교육을 섞는다는 의미이다. 형태상으로 보면 플립 러닝과 브랜디드 러닝은 크게 다르지 않아 보인다. 이 질문에 대한 답에 대해 고민하면서 찾아 본 논문 자료 중 가장 마음에 드는 답은 이것이다.

> "온라인과 오프라인 교육을 혼합하기 위한 가장 좋은 방법"
> Halverson et al, 2014

조금 더 쉽게 얘기해보자. 브랜디드 러닝이 달걀이라면 플립 러닝은 노른자이다. 플립 러닝은 브랜디드 러닝에 속하는 개념이지만 그 중 알맹이는 플립 러닝이라 할 수 있다. 모든 플립 러닝은 브랜디드 러닝이지만, 모든 브랜디드 러닝이 플립 러닝을 의미하지 않는다. 둘 사이의 차이점은 다음의 표와 같다.

표에서 가장 큰 차이점을 들라고 하면 출발점이라 말할 수 있다. 플립 러닝이 교육 전체의 효과성을 극대화하려는 의도로 출발했다면, 브랜디드 러닝은 온라인 교육의 비용 효율성, 즉 오프라인 교육보다

Blended Learning	Flipped Learning
비용 효율성 중시	교육 효과성 기반으로 접근
Blending에 대한 명확한 기준 없음	온라인 이론학습, 오프라인 실천학습 (Bleending에 대한 명확한 기준)
온라인 교육 활용성에서 출발	전체 교육 효과 극대화에서 출발
강사 중심의 내용학습	Facilitator 중심의 실천학습
온/오프 교육의 기능적 결합	온/오프 교육의 화학적 결합

저렴하고 시·공간 제약이 없는 부분을 활용해 교육 전체의 비용 대비 효율성을 높이려는 의도에서 출발했다는 점에서 명확한 차이를 볼 수 있다.

무크, 플립 러닝의 등장과 시사점

노벨상의 산실로 여겨지는 캠브릿지 대학의 입학 지원 설명 문구에는 '우리는 뉴턴을 잘 아는 학생이 아닌 뉴턴처럼 생각하는 학생을 원한다'는 말이 있다. 플립 러닝은 지식이 많은 학생이 아닌, 스스로 생각할 수 있는 방법을 아는 학생을 길러내는 데 초점을 맞춘 교육 방식이다.

플립 러닝과 무크의 등장은 학습의 경계를 무너뜨리고 있다. 무크와 플립 러닝 모두 모바일을 중심으로 움직이고 있으며 이를 통해 연결의 경계를 무너뜨리고 있다. 우리는 화장실에 있든 길을 걷든 언제 어디서나 모바일 기기로 교육 콘텐츠를 수강할 수 있다. 또한 이 둘은 글로벌

Boundary less의 평생학습 시장(경계가 허물어진 무한경쟁의 평생학습 시장 도래)

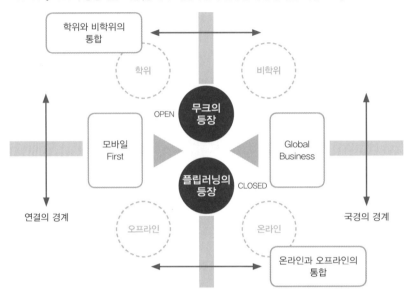

한 서비스를 제공한다. 무크의 수강생 중 미국인 다음으로 인도인이 많은 것을 보면 알 수 있듯 교육 프로그램의 국경이 허물어지고 있다. 또한 플립 러닝은 온라인 교육과 오프라인 교육의 경계를 무너뜨리고 있으며, 무크는 학위 프로그램과 비학위 프로그램의 경계를 무너뜨리고 있다. 무크와 플립 러닝은 기존에 큰 벽처럼 느껴왔던 경계들을 사라지게 만들고 있다.

주목해야 할 콘텐츠 변화, 모바일 러닝

무크와 플립 러닝 이외에 또 한 가지 주목할만한 최근의 변화를 꼽으라면 모바일 러닝을 들 수 있다. 최근 이러닝은 컴퓨터 기반에서 모바일 중심으로 빠르게 이동하고 있다. 무크와 플립 러닝을 이해하기 위해서는 모바일 러닝에 대한 고려가 필요하다.

미래창조과학부의 무선 통신 가입자 통계에 따르면 2015년 9월 말 기준 스마트폰 가입자가 4천만명을 돌파했다. 2009년 아이폰 열풍으로 스마트폰이 우리나라에 도입된 지 불과 몇 년 만에 일어난 변화이다. 스마트폰은 이제 우리 일상에서 없어서는 안 될 생활의 일부로 자리잡았다. 일부에서 주장하는 대로 '호모 스마트쿠스 시대'에 들어선 것이다.

스마트폰으로 지하철에서 뉴스와 메일을 확인하고, 업무 일정표를 짜고, 카카오톡으로 단체 문자를 통해 회의를 진행한다. 식사는 배달 앱 주문으로 해결하고, 모바일 쿠폰으로 할인을 받는다. 영화나 음악 콘텐츠도 TV와 오디오 대신 스마트폰을 통해 듣는다. 이런 모바일 환경의 변화는 우리의 라이프 스타일 자체를 바꾸어 놓고 있으며, 새로운 문화 환경을 창출하고 있다.

모바일 환경 변화를 예견한 페이스북의 창업자 저커버그는 '모바일 퍼스트 전략'을 주장하며 페이스북의 근본적인 변화를 시도했다. 페이스북은 컴퓨터 기반의 서비스에서 기업공개IPO 이후 모바일 인터페이스를 우선 개발하고 후에 이를 컴퓨터에 적용하는 모바일 퍼스트 전략으로 수정했다. 이러한 전략은 2년 동안 전무했던 모바일 광고 수익이, 2014년 2분기에 전체 광고 수익 중 62%를 차지할 정도로 성공을 거듭하고 있다.

에릭 슈미트 구글 회장은 연설에서 "모바일 퍼스트는 이미 옛말이다. 이제는 컴퓨터 없이 모바일로만 인터넷에 접속해 모든 일상을 처리하는 모바일뿐인 세상이 온다."라고 말하였다. 실제 최근 자료를 보면 모바일 온리 사용자가 전 세계 인터넷 사용자의 25% 정도를 차지하고 있고, 이 사용자들은 지속적으로 증가하고 있다. 또한 2015년 말 국내 최고의 인터넷 기업인 네이버가 모바일 온리 전략을 선택했다는 점으로 미루어 보아 모바일 환경으로 급속도로 전환되고 있음을 알 수 있다.

모바일 혁명이라 불리는 변화로 인해 현재 교육 환경도 이러닝에서 모바일 러닝으로 급속히 변모하고있다. 이러닝 환경과 모바일 러닝 환경은 엄연히 다르다. 이러닝은 공간적 차원에서 다소 한계가 있었다. 학습자가 컴퓨터 앞에 앉아야만 학습을 진행할 수 있기 때문이다. 이동 중이거나 컴퓨터가 없는 곳에서 학습을 진행할 수 없다는 제약이 있는 것이다. 하지만 모바일 환경은 이런 제약에서 자유롭다. 모바일 환경 속에서는 사람들이 모바일 기기만 손에 들고 있다면 언제 어디서나 학습을 진행할 수 있다. 즉 사람들의 손 안에 저마다 연수원을 들고 다닐 수 있는 시대가 열린 것이다.

이러한 모바일 러닝 환경은 학습자가 어디에 있든 접속이 가능하고, 교사나 코치들과의 연결이 가능하도록 만들었다. 반면 강의실에 앉아 있거나 컴퓨터 앞에 앉아 집중할 수 있는 환경이 아니기에 학습에 집중할 수 있는 시간이 짧아진다는 단점이 있다.

모바일 콘텐츠는 학습자의 학습 환경 측면에서 이러닝 콘텐츠와 엄연히 다르게 제작되어야 한다. 기존의 이러닝 콘텐츠는 오프라인 콘텐츠와 비슷한 30~45분의 수업방식이지만 모바일 콘텐츠는 이보다 훨씬 더 짧고, 유저 인터페이스 또한 컴퓨터의 큰 화면 중심의 설계가 아닌 스마트폰 화면에 맞는 형태로 제작되고 있다.

그렇다면 모바일 콘텐츠는 어떤 특성을 가지고 진화해야 할까?

첫째, 학습 콘텐츠 분량이 짧아야 한다.

72초 TV를 들어본 적이 있는가? 72초 TV는 72초 길이의 드라마를 말하는 것으로 모바일 환경에서 젊은 층을 중심으로 유행하고 있다. 이는 모바일 환경에서 스낵 컬처가 확산되고 있기 때문인데, 스낵 컬처란 시간과 장소에 구애없이 가볍게 즐길 수 있는 문화 트렌드를 의미한다. 인터넷 만화인 웹툰이 대표적이며 최근 들어서는 드라마, 영화, 예능 프로그램 등의 하이라이트 부분만 편집해서 제공하거나 72초

네이버 TV 캐스트의 '72초 TV'

TV와 같이 아예 짧은 드라마가 제작되기도 한다. 공통적인 특성은 10분 이내로 볼 수 있는 짧은 콘텐츠라는 점이다. 72초 TV 외에 43 TV도 등장했는데, 이는 20대가 모바일 영상에 집중할 수 있는 시간이 평균 43.1 초라는 연구결과를 반영해 43초짜리 드라마를 만든 것이다.

이러한 흐름을 따라 모바일 러닝도 짧게 제작되거나 요약되어 가는 추세이다. 30분에서 1시간 정도의 이러닝 콘텐츠를 모바일 디바이스에서 볼 수 있다고 해서 모바일 러닝이라 말하지는 않는다. 학습자의 모바일 학습 환경과 콘텐츠 선호도를 보면 짧은 콘텐츠가 모바일 러닝에서 효과를 발휘할 수 있다. 교육 콘텐츠는 모바일 환경에 최적화되기 위해 지속적으로 짧아지는 쪽으로 변화하고 있다.

둘째, 학습 콘텐츠는 단순하고 간결해야 한다.

모바일 환경은 스마트폰이 대부분을 차지한다. 이런 연유로 학습 콘텐츠 또한 스마트폰에 최적화되도록 만들어지고 있다. 스마트폰은 컴퓨터나 태블릿보다 스크린 자체가 작기 때문에 복잡하지 않은 단순화

된 콘텐츠를 삽입하고 있다. 스마트폰 환경에서는 100자 이상의 글자가 들어가면 가독성이 매우 떨어지기 때문에 화면이나 인터페이스에 삽입되는 글자는 100자 이내가 되도록 콘텐츠를 제작해야 한다. 위의 그림과 같이 글자가 많이 들어간 콘텐츠가 아닌, 간결한 콘텐츠들이 모바일 환경에 적합한 학습 콘텐츠라 말할 수 있다.

셋째, 학습 콘텐츠는 구체적이고 명확해야 한다.

모바일 환경에서는 짧고 간결함을 추구하다 보니 콘텐츠의 내용 또한 대주제가 아닌 소주제 중심으로 생산되고 있다. 예를 들어 '영업 능력 향상 과정' 같이 개괄적인 주제가 아닌, '한 시간 이내에 고객을 설득하는 방법', '처음 만난 고객과 공감하는 방법'과 같이 보다 구체적이고 명확한 목표를 제시하는 콘텐츠가 인기를 얻고 있다.

에듀테크와 교육산업

교육산업은 전 세계적으로 가장 큰 산업 중 하나이다. 에듀테크의 등장과 4차 산업혁명은 교육산업의 대대적 변화를 예고하고 있다.
4차 산업혁명 시대의 산업 패턴과 에듀테크를 통한 교육산업의 지형도 변화에 대해 예측해보고자 한다.

4차 산업혁명과 에듀테크

4차 산업혁명과 교육

다보스 포럼 회장 클라우스 슈밥은 2016년 초 다보스 포럼에서 4차 산업혁명의 시대가 본격적으로 도래했음을 선언한 바 있다. 과거 인류가 겪었던 그 어떤 혁명보다도 파급력이 클 것이라 예측된다.

4차 산업혁명은 무엇이고, 4차 산업혁명이 교육에 미칠 영향은 무엇인가?

산업혁명의 시초는 영국에서 발명된 증기기관이다. 증기기관과 철도 건설은 수송의 편리함과 더불어 사람의 손에 의한 수동 생산이 아닌 기계에 의한 자동 생산 시대를 열어 주었다. 이를 1차 산업혁명이라 한다. 2차 산업혁명은 기계에 의한 생산에 더해 생산 조립 라인이 등장하면서 시작됐다. 전기의 발명을 통해 보다 다양한 품목을 생산할 수 있는 체제가 만들어지면서 대량 생산의 시대를 열렸다. 조립 라

구분	1차 산업혁명 (1760~1840)	2차 산업혁명 (1880~1920)	3차 산업혁명 (1960~2000년대 초반)	4차 산업혁명 (현재~) →
주요 기술	증기기관 철도건설	생산조립라인 전기	반도체, 컴퓨터, 인터넷	모바일, 초연결(IoT) 초지능(인공지능)
산업 변화	기계에 의한 생산	대량생산의 시대	인터넷 혁명, 디지털 혁명	4차 산업혁명
교육		집합교육 대중화 (One Size Fits All)	이러닝 (대량공급, 한계비용 0)	Edutech 교육혁명 (Adaptive learning)

기하급수 성장의 시대

인의 컨베이어 벨트가 돌아가면서 분업 생산이 이루어지고 전기 사용
으로 안정적인 에너지 공급이 가능해지면서 과거보다 10~100배 높은
생산성을 보이기 시작했다.

　1960년대 초반, 컴퓨터와 반도체가 등장하기 시작하면서 인류는 제
3차 산업혁명의 시대를 맞이하게 된다. 문서를 일일이 우편으로 발송
하고, 자금 집행을 위해 계산기를 사용하고, 정보 검색을 위해 도서관
을 가야 했던 2차 산업혁명 시대와는 달리 3차 산업혁명의 시대에는
일상의 많은 부분을 컴퓨터와 인터넷으로 해결할 수 있게 되었다. 또
한 생산 자동화 시스템의 도입으로 사람의 손이 필요했던 많은 부분이
자동화 프로그램과 기계로 바뀌게 되었다.

　소비의 형태도 변하였다. 과거 매장에 가야만 물건을 구매할 수 있
었던 것과 달리 인터넷과 컴퓨터만 있으면 클릭 몇 번으로 자신이 원
하는 상품을 구매할 수 있게 되었다.

　앞으로 시작될 4차 산업혁명은 이전보다 훨씬 진화된 디지털 환경
을 만들어 낼 것으로 보인다. 이는 사물 인터넷과 인공지능을 통해 초
연결, 초지능 사회가 되어감과 동시에 로봇기술, 나노 기술, 바이오 기

술 등을 기반으로 산업 구조가 광범위하게 재편됨을 의미한다. 다시 설명하자면, 2차 산업혁명까지는 현실 세계와 관련된 혁명이었으나 3차 산업혁명에서 인터넷이라는 가상 세계가 등장하고 4차 산업혁명에 이르러 현실과 가상 세계가 융합되면서 초연결 사회, 초지능형 사회로 변모하게 되는 것이다.

4차 산업혁명 시대의 산업은 과거의 산업과 달리 디지털과 인공지능 및 사물 인터넷이 산업의 경계 자체를 무너뜨리고 있다. '우버'가 택시 산업을, '테슬라'가 자동차 산업을, '에어비앤비'가 숙박 산업의 경계를 무너뜨리는 것과 같이 새로운 기술을 바탕으로 기존 산업을 무너뜨리고 새로운 룰을 만들어내고 있는 것이다.

'우버' 택시의 경우 기존 택시 산업의 중앙 집중적 공급 시스템을 거부하고, 디지털 기반으로 택시 운전자와 고객을 연결하여 새로운 가치를 창출해내고 있다. 과거 택시가 빈 차로 시내를 돌아다니며 손님을 찾아 다니는 비생산적 활동을 했다면 우버는 이를 제거하고, 택시의 수요자와 공급자를 모바일 앱으로 연결하여 보다 효율적으로 택시를 이용할 수 있게 만들었다. 이런 모델이 급속하게 각 도시로 확산되면서 우버는 각 나라들의 택시 산업의 근간을 무너뜨리고 있다. 우리나라 또한 '카카오 택시' 등이 급작스레 시장에 들어와 새로운 강자로 군림하는 현상이 나타나고 있다.

전기 자동차를 생산하는 '테슬라' 역시 기존의 굳건했던 산업들을 무너뜨릴 준비를 마쳤다. 도요타, GM 등 전통의 가솔린 자동차 생산 업체와 달리 전기 자동차 생산에 집중한 테슬라는, 새로운 전기 자동차 시대에 강자로 떠오르고 있다. 가솔린 자동차와 달리 비교적 영구적인 제품을 사용하는 전기 자동차의 특성상, 전기 자동차 시대의 시작은 자동차 산업뿐만 아니라 자동차 정비, 자동차 부품, 윤활유를 포함한 자동차 소모품 등 다양한 부가 산업들의 판도를 바꾸어 나갈 것이다. 또한 정유 산업, 석유 유통 산업, 주유소와 같은 석유 소매 산업 등 현재 우리에게 익숙한 많은 산업들이 추억으로 사라져갈 것으로 예상된다.

더불어 테슬라를 비롯한 전기자동차의 등장은 가솔린 자동차 산업의 게임의 법칙이었던 연료공급 – 자동차 생산 및 판매 – 정비 산업의 종합적 산업의 룰을 전기자동차 생산 및 판매라는 한 가지 산업으로 통합 시켜버리는 계기가 될 것이다.

'에어비앤비' 역시 기존 숙박 산업의 룰을 바꾸고 있다. 과거 숙박 산업은 숙박 시설을 짓고, 투숙객을 모집하고, 숙박 서비스를 제공하는 정도였다면 에어비앤비 모델은 기존의 숙박 시설을 바탕으로 투숙객과 공급자를 연결해 주는 것만으로 비즈니스를 꾸려가고 있다. 이를 통해 호텔이나 모텔 건설 산업, 여행업 등 숙박과 관련된 산업들도 빠르게 변모해나갈 것이다.

위의 세 가지 대표적인 기업들의 사례는 4차 산업혁명 시대의 모습을 잘 보여주고 있다. 인터넷과 컴퓨터 기반의 3차 산업혁명 시대에서는 고객 타겟팅, 생산의 효율화, 타 업체와의 비교 우위가 중요했다. 이전에는 메인 고객이 누구인지, 어떻게 하면 생산을 효율적으로 할 수 있는지, 타사 대비 어떤 차별점이 있는지, 그 차별점이 어떻게 소비자들에게 어필

하는 지가 매우 중요했지만 4차 산업혁명 시대에서는 기존 산업의 룰들이 의미없어졌다.

우버는 택시를 보유하지 않고도 세계 최고의 택시 회사가 되었고, 테슬라는 자동차 생산뿐만 아니라 에너지가 되는 전기 충전 시설까지 공급하고 있으며, 에어비앤비는 호텔이나 여관을 단 한 채도 소유하지 않았음에도 숙박업을 대표하는 브랜드가 되었다.

사물 인터넷, 연결 사회, 모바일, 로봇기술 등 새롭게 등장하는 기술들이 산업 전체를 무너뜨리는 파괴적 혁신. 이러한 혁신이 일반화된 시대가 바로 4차 산업혁명 시대라 말할 수 있다. 4차 산업혁명 시대는 상위 몇 기업이 시장을 나누어 갖는 시대가 아니다. 산업의 발생 - 발전 - 성장 - 쇠퇴라는 성장 곡선이 J커브 형태로 이루어진 단 하나의 혁신적인 1위 기업만이 산업의 전 분야를 흡수해 기하급수적으로 성장하는 시대이다.

그렇다면 4차 산업혁명 시대의 교육은 어떠할까? 대중적 교육의 발현은 2차 산업혁명 시대부터라 말할 수 있다. 대량생산 시대에 접어들면서 분업의 역할을 할 노동자가 필요해졌고, 그들에게 읽고 쓰고 계산하는 등의 기본적인 업무를 가르쳐 각 업무에 적합한 노동자들을 산업현장에 공급하는 것이 교육의 목적이었다. 이때부터 본격적으로 '학교'라는 곳이 생겨 대중을 상대로 기본적인 지식을 전달하기 시작했으며 이를 통해 발전하게 되었다.

3차 산업혁명 시대의 주요 교육 변화 중 하나는 이러닝의 등장이다.

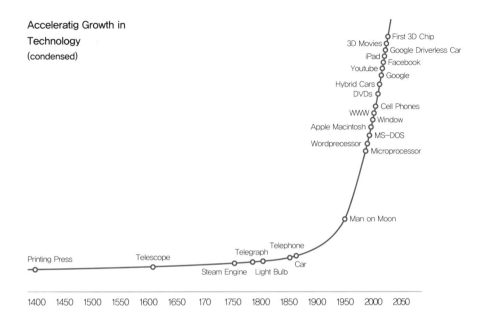

Acceleratig Growth in
Technology
(condensed)

컴퓨터가 등장하면서 컴퓨터 이용 학습CBL*이 발전했고, 인터넷이 등장하면서 스트리밍 방식의 이러닝이 급격하게 발달하게 되었다. 곳곳에 온라인 교육이 대중화되었으며, 사이버 대학이 등장했고, 영상 기술의 발전과 더불어 온라인 콘텐츠의 품질 또한 점점 향상 되었다.

4차 산업혁명 시대를 맞이하여 교육산업도 발전을 꾀하고 있다. 컴퓨터와 인터넷이 아닌 인공지능과 사물 인터넷 기반의 초연결, 초지능 사회가 도래하면서 또 다른 혁명적 변화를 준비하고 있는 것이다.

4차 산업혁명 시대, 새로운 교육 패러다임이 필요한 이 때에 에듀테크가 그 중심에 서있다. 2차 산업혁명 시대의 집합 교육은 효율성을

＊ 컴퓨터 이용 학습(CBL) : 'Computer Based Learning'의 약어다. 컴퓨터를 학습의 도구로 이용한다는 의미다.

바탕으로 '똑같은 내용을, 똑같은 방법으로, 똑같은 시간에, 똑같은 장소에서' 공급했다면 3차 산업혁명 시대 이러닝은 시·공간의 한계를 어느 정도 극복하면서 '맞춤형 시간에, 맞춤형 장소에서, 똑같은 내용을, 똑같은 방법으로' 학습하는 형태로 발전해갔다. 이제 4차 산업혁명 시대의 기술은 그동안 불가능하다고 여겨졌던 완전한 맞춤화를 통해 '맞춤형 내용을, 맞춤형 방법으로, 맞춤형 시간에, 맞춤형 장소에서' 학습할 수 있는 형태로 진화하고 있다.

여기에 더해 학습 관리와 상호연결, 일상 생활에서의 활용 등 교육 자체를 뛰어넘는 분야까지 맞춤형으로 진행할 수 있는 방향으로 나아가고 있는 것이다.

기하급수 성장 시대와 교육의 미래

4차 산업혁명 시대의 교육산업 변화를 예측하기 전에, 앞서 말한 '기하급수적 성장'이라는 단어에 대해 짚고 넘어가도록 하자.

'기하급수적 성장'이라는 단어는 제2의 에디슨이라 불리는 피터 디아만디스의 『볼드』라는 책에 잘 표현되어 있다. 이 책에서는 '코닥'의 디지털 카메라 사례를 들어 기하습수적 성장 시대의 6가지 단계에 대해 설명하고 있다.

코닥은 필름 산업에서 한때 업계 최고의 지위를 누렸던 기업이다. 성장 가도를 달리던 코닥은 디지털 카메라의 등장으로 고비를 맞게 되

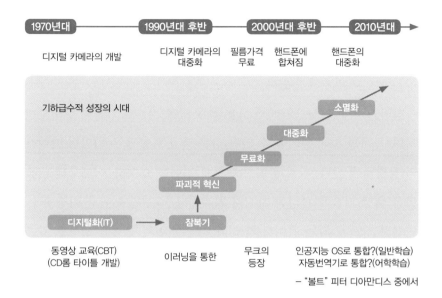

고 디지털 카메라가 완전히 대중화되자 이내 쇠락의 길을 걷게 된다. 2012년에는 최고의 위치에서 파산 보호 신청을 하는 입장으로 몰락하기에 이른다.

아이러니하게도 디지털 카메라를 최초 개발한 곳은 코닥 연구소였다. 1975년 세계 최초의 디지털 카메라를 개발한 코닥의 연구원 스티븐 새슨에 의하면 당시 디지털 카메라의 크기는 복사기 정도로 컸고 화질 또한 일반 카메라에 크게 미치지 못했다고 한다. 이런 이유로 개발 당시 코닥의 경영진은 디지털 카메라의 영향력을 낮게 평가했고, 그들의 주력 산업인 필름에 집중하는 전략을 펼쳐나갔다.

하지만 디지털 기술이 발전함에 따라 디지털 카메라의 크기는 계속해서 작아지고 화질은 점차 높아져갔다. 디아만디스는 이 시기를 기술의 잠복기라고 정의했다. 기술 잠복기간 디지털 기술이 대중화될 수 없는 수준에 머물다가 급속하게 발전하는 시기를 의미한다. 이 시기에는 사람들이 기술의 발전을 직접적으로 느끼지 못하지만 실제로는 놀라운 속도로 발전하고 있다.

잠복기 이후 일상생활에서 사용할 수 있을 정도로 기술이 발전하게 되면서, 가방 속에 들어갈 수 있을 만큼 작고 화질 좋은 디지털 카메라가 등장하게 된다. 파괴적 혁신 단계로 접어든 것이다. 이때부터 대중들은 해당 기술에 관심을 가지기 시작한다. 실생활에 활용 가능한 기술이라 느끼게 되는 것이다. 우리가 최근 변화의 물결을 느끼고 있는 인공지능과 VR 및 AR 등은 오늘날 갑자기 등장한 기술이 아니다. 기술이 발명되고 일정 기간 동안의 잠복기를 거쳐 이제서야 파괴적 혁신으로 등장한 것이다.

파괴적 혁신 이후 다음 단계로 무료화가 진행된다. 실물 필름의 가치가 떨어지면서 더 이상 소비자들이 필름에 비용을 지불하지 않으려 하는 것이다. 이런 과정 속에서 필름 시장은 본격적으로 기하급수 성장의 시대를 거치게 된다. 기존 디지털 카메라가 발명에서 상용화까지 25년이 시간이 걸렸다면, 무료화 이후의 과정은 매우 빠른 속도로 이뤄지게 된다. 이런 단계를 기하급수적 성장의 과정이라 말한다.

무료화가 진행되자 코닥은 뒤늦게나마 디지털 카메라를 시장에 내놓지만 디지털 카메라 시장마저 소멸하기에 이른다. 스마트폰의 기능 중 하나로 디지털 카메라가 흡수된 것이다. 하나의 상품으로 시장을 형성했던 디지털 카메라가 다른 상품(스마트폰)의 기능 중 일부로 통합되면서 단일 상품으로서의 가치를 잃게 됐다.

4차 산업혁명 시대에는 이런 일들이 일반화될 것으로 예측된다. 과거 정상적이지 않았던 것이 정상적인 것으로 다가오게 되는 것이다. 이렇게 무료화되고 소멸되고 대중화되는 기하급수적 성장 과정에서 없어져 버린 산업의 흔적을, 우리는 스마트폰에서 찾을 수 있다. 스마트폰의 등장으로 알람 시계, 다이어리, MP3, 전자사전, 내비게이션, PMP 같은 휴대용 영상 기기와 문자 메시지, 지하철 무가지 등 우리에게 익숙했던 많은 것들이 사라졌다. 기하급수 성장의 시대는 이미 우리가 경험하고 있는 현실이다.

그렇다면 교육은 어떠할까? 70년대 또는 그 이전에 CBL이라는 개념이 처음 등장했다. 컴퓨터 이용 학습으로 불렸던 CBL은 컴퓨터에 플로피 디스크 또는 CD를 삽입하여 교육하는 학습 방법이었다. 이때만 해도 교육 프로그램 중 일부만 이 기능을 활용했다. 저장 용량에 한계가 있었기 때문에 동영상 강좌 등 용량이 큰 파일을 필요로 하는 수업에는 어려움이 있었다.

선생님들은 영상을 찍고, 이를 컴퓨터로 가져와 편집하고, CD를 낱개로 제작하는 매우 번거로운 절차를 거쳐야 했다. 이런 불편함으로 인해 교육의 디지털화가 진행되는 과정 중 영상 제작, 전송, 편집 기술이 발전해나가는 잠복기를 거쳐 인터넷 기술과 스트리밍 기술, 콘텐츠 영상 기술이 발달하면서 이러닝이 우리 눈 앞에 등장하게 된다.

소비자들이 체감할 정도의 파괴적 혁신이 시작된 것이다. 사이버 대학, 온라인 교육 기관 등은 기존 교육 시장에 많은 영향을 주었다. 이제는 이러닝으로 학습하는 것이 일반적인 모습이 될 정도로 이러닝은 우리 생활 속 깊숙이 자리잡고 있다. 그러던 와중 무크가 등장한다. 온라인 교육을 무료로 받을 수 있게 된 것이다. 기하급수 성장 시대의 출발인 무료화가 시작되었다고 볼 수 있다.

기존의 전통적 오프라인 교육 시장(강의실 중심의 강의 전달식 교육)은 어떻게 될까? 필름 시장이 디지털 카메라에 의해 무료화되고 스마트폰에 의해 소멸했듯이, 오프라인 교육 시장 또한 이러닝에 의해 무료화되고 에듀테크에 의해 아니면 더 진보한 기술에 의해 소멸되는 것은 아닐까?

Siri와 같은 인공지능 비서 기술은 무서울 만큼 빠르게 발달하고 있다. 2013년도 영화 『HER』*에 등장하는 인공지능 OS처럼 개인 비서용 OS의 기능은 업무, 검색, 취미 등 일상 전반의 분야로 지속적으로 발전할 것이다.

교육 또한 인공지능 OS 안에 일부 기능으로 취합되는 것을 상상해볼 수 있다. 물론, 교육은 인간의 삶에 있어서 매우 중요한 분야이기 때문에 중요 기능으로 들어갈 수도 있고 인공지능 비서와는 별도로 인공지능 로봇교사의 영역이 될 수도 있을 것이다. 한편 '웨이버리 랩스'와 같은 자동 번역기의 등장으로 더 이상 어학 교육이 필요하지 않은 시대가 될 지도 모른다. 즉, 세계에서 가장 큰 교육 시장인 어학 교육이 소멸될 수도 있는 것이다.

---

* 그녀(HER) : 2013년도 개봉작으로 주인공이 맞춤형 서비스를 제공하는 인공지능 OS와 사랑에 빠진다는 내용으로 인공지능 분야의 대표적인 영화 중하나다.

기하급수적 성장의 시대, 4차 산업혁명의 시대에는 우리가 전혀 상상하지 못했던 일들이 일어난다. 4차 산업혁명의 저자 클라우스 슈밥은 향후 우리 인류는 그동안 한 번도 보지 못한 놀라운 변화를 만나게 될 것이라 말하고 있다. 이 말은 앞서 서술한 변화와 일맥상통할 것이다.

에듀테크 시대
교육산업의 변화

교육산업의 경계 파괴

에듀테크의 등장으로 인해 일어날 가장 큰 변화는 교육의 경계 파괴이다. 교육 시장은 세계에서 가장 큰 시장 중 하나지만, 전문성과 사람들 간의 긴밀한 접촉의 필요성 때문에 내용과 대상, 목적 별로 명확한 경계속에서 발전되어 왔다. 내용별로는 국어, 영어, 성인 교육, 기업 교육, 자격증 교육 등이 있으며 방법별로는 학습지, 오프라인, 온라인 등으로 구분되어 발전해왔다. 교육 목적별로는 학위, 자기계발, 자격증, 취업 등으로, 대상별로는 유아, 중·고등, 대학생, 성인 등으로 나뉘어 발전해왔다. 또한 지역적 한계로 인해 나라 혹은 지방에 따라 교육 기관들이 성장해왔지만 에듀테크의 발전은 이런 경계들을 무너뜨리게 될 것이다.

플립 러닝의 등장으로 온·오프라인의 경계가 무너지기 시작했다.

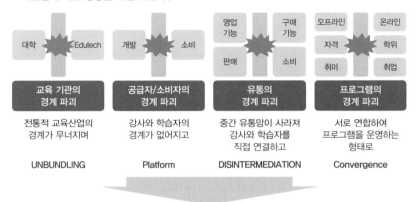

교육산업에 어떤 영향을 미칠 것인가?

교육 기관의 경계 파괴	공급자/소비자의 경계 파괴	유통의 경계 파괴	프로그램의 경계 파괴
전통적 교육산업의 경계가 무너지며	강사와 학습자의 경계가 없어지고	중간 유통망이 사라져 강사와 학습자를 직접 연결하고	서로 연합하여 프로그램을 운영하는 형태로
UNBUNDLING	Platform	DISINTERMEDIATION	Convergence

교육산업의 재편, 교육기관의 역할 재편, 교육 유통구조의 재편

무크는 지역적 경계와 학위·비학위의 경계를 무너뜨리고 있다. 성인, 대학생, 중·고등학생, 유아 등 연령을 막론하고 모두 한 사이트에서 코딩교육을 받고 있다. 교육산업의 명확한 경계들은 에듀테크가 발전할수록 사라져 갈 것이다.

경계의 붕괴가 교육산업에 미치는 영향은 크게 네 가지로 말할 수 있다.

우선 교육 기관 사이의 경계가 무너져내릴 것이다. 지금까지는 교육 기관마다 각자 특성있는 프로그램을 만들어 교육생에게 한정적으로 제공했다면, 이제 어느 교육 기관이든 좋은 프로그램을 만들면 누구에게나 제공할 수 있는 방향으로 변화할 것이다. 무크가 전 세계인을 대상으로 하버드나 스탠퍼드의 강의를 제공하는 것이 좋은 예가 되겠다.

둘째로 교육 공급자와 소비자의 경계가 없어질 것이다. 앞서 말한 아프리카 TV의 디바제시카와 마찬가지로 공급자가 교사 또는 대학교

수로 한정된 사회에서 벗어나게 될 것이다. 자기의 전문 분야에 대해 콘텐츠를 만들고 그 내용을 잘 전달할 수만 있다면, 하나의 단과 대학을 만들듯 자연스럽게 학생들이 모여드는 현상이 일반적으로 나타날 것이다.

세 번째는 유통의 경계 파괴이다. 교육산업에도 유통인이 필요했다. 지역적 한계와 전문적 영역의 한계가 있었기 때문이다. 이런 정보의 비대칭성으로 인해 발생했던 유통 구조는, 정보 시스템의 발달로 인해 무너져가고 있다. 최종 소비자는 SNS와 인공지능 기반의 맞춤형 큐레이션 기술을 통해 기존의 유통 구조를 거치지 않고도 원하는 콘텐츠와 바로 연결될 수 있다.

마지막으로 프로그램 사이의 경계가 무너질 것이다. 한 분야의 전문성을 가지는 것은 여전히 중요하지만, 분야별 융합의 욕구와 프로그램 사이를 넘나드는 학습자들의 요구로 인해 프로그램들의 구분이 모호해지고, 나노디그리의 사례처럼 통합된 프로그램들이 점점 많아질 것이다.

교육 기관 사이의 경계 파괴_언번들링

교육산업의 언번들링에 대해 얘기하기 전에, 번들링과 언번들링의 개념에 대해 살펴보자. 기업이든 산업이든 하나의 제품에 부가적인 서비스들이 붙어 통합적으로 소비·판매되는 현상을 번들링이라 한다.

통신 서비스를 예로 들자면, 전화 통화라는 기본 상품에 문자, 무선 인터넷, 컬러링, 해외 로밍 등이 합쳐져 서비스되는 것을 번들링이라 할 수 있다.

번들링된 상품을 다시 각각의 영역으로 나누는 것을 언번들링이라 한다. 주로 금융권에서 많이 사용되는 단어로 은행의 서비스를 대표적인 예로 들 수 있다. 과거 은행 산업은 예금과 대출을 넘어 외환, 투자, 증권, 보험 등 그 서비스 규모를 넓혀 번들링 서비스를 확장해나갔다. 이런 규모의 경제가 정보통신기술의 발달로 언번들링되고 있는 것이 현재 금융 시장의 변화이다.

과거에는 예금, 대출, 결제, 자산관리, 투자, 자금 펀딩 등을 개인 신용 정보 및 투자 정보를 가지고 있는 은행에서 종합적으로 담당하는 것이 효과적이었다. 하지만 SNS와 데이터 기술이 발달한 지금의 시점에는 각각의 영역의 강자들이 스타트업의 형식으로 등장해 활약하고 있다. 예를 들어, 예금과 대출 업무는 모바일 뱅킹 기업들이, 결제는 애플페이 혹은 삼성페이와 같은 가상 화폐들이, 자산 관리는 자산 관리 전문 기업들이, 투자와 자금 펀딩은 클라우드 펀딩 기업들이 각각의 영역에서 입지를 굳히며 기존 은행과 같은 전통적 금융기관들을 위협하고 있는 것이다. 이런 변화를 핀테크Fintech라 하는데 신기술을 기반으로 한 금융 기업들이 등장하면서 금융 산업에 빠른 변화를 가져오고 있다.

교육산업에서도 에듀테크의 발전으로 인해 유사한 형태의 일들이 나타나고 있다. 교육산업의 언번들링 현상으로 전통적 교육 기관인 하는 학교들의 주요 기능들을 에듀테크 기업들이 장악해나가면서 기존

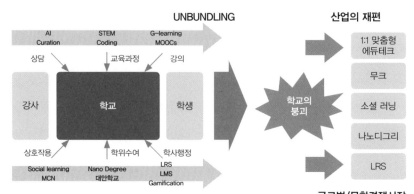

의 교육 기관들을 무너뜨리고 있다.

예를 들면 상담은 인공지능 상담 또는 큐레이션 전문 교육기업들이, 교육과정은 'STEM'이나 코딩교육 같은 스타트업들이, 강의는 무크나 게임 러닝 회사가, 상호작용은 소셜 러닝 기업이, 학위는 대안학교나 나노디그리 프로그램이, 학사행정은 게이미피케이션이나 새로운 성적 관리 온라인 시스템LMS 들이 대체해나가고 있는 것이다.

학습자들은 학교에서 모든 것을 해결했던 시대에서 벗어나 각각의 영역으로 언번들링된 곳들 중 보다 나은 서비스를 제공하는 쪽을 직접 선택할 수 있다. 이런 변화는 글로벌한 형태로 나타나고 있어서 교육산업을 글로벌 무한 경쟁 시장으로 옮겨놓고 있다. 과거 A대학의 경쟁자가 B대학이었다면, 이제 A대학은 강의에 있어서는 '코세라'와 같은 무크와, 학습상담은 인공지능 기반의 조교들과, 상호 작용은 '바로 풀기'와 같은 소셜 러닝 기업들과 각각 경쟁해야 하는 것이다.

언번들링된 교육산업은 다시 리번들링되어 기존의 학교와는 다른 새로운 형태의 교육기관을 창출해낼 가능성을 가지고 있다. 이런 변화 속에서 살아 남는 기관이 향후 4차 산업혁명 시대의 교육을 주도하게 될 것이다.

콘텐츠 생산자와 소비자의 경계 파괴

앞서 '학생이 교사가 되고 교사가 학생이 되는 세상'이란 주제에서 다루었듯 필요 지식의 증가 속도를 교사만의 콘텐츠 공급으로 따라 잡을 수 없는 시대가 되었다. 지식의 양의 증가에 따른 콘텐츠 공급처의 다양화뿐 아니라 미디어 기술의 발전으로 언제 어디서든 스마트폰으로 보다 쉽게 콘텐츠를 소비할 수 있게 되었고, 제작 기술의 발전으로 누구든 높은 품질의 영상 콘텐츠를 만들 수 있게 되었다. 누구나 교육 콘텐츠를 만들 수 있고, 또한 교육 콘텐츠를 학습할 수 있는 새로운 세상이 열린 것이다.

이런 변화가 교육산업에 미치는 영향은 무엇일까?

우선 콘텐츠 공급 전략 자체가 변화할 것이라 말할 수 있다. 과거 교육 기관들은 교육 서비스를 받을 타깃을 정하고, 그들의 눈높이에 맞는 품질 좋은 콘텐츠를 공급하는 것이 주요 전략이었다. 더욱 가치가 높은 콘텐츠를 공급하거나 같은 품질의 콘텐츠를 조금 더 저렴하게 공급하면 그 기관은 시장의 경쟁에서 살아남을 수 있었다.

콘텐츠 전략만으로 부족한 부분은 통합 솔루션의 제공을 통해 극복

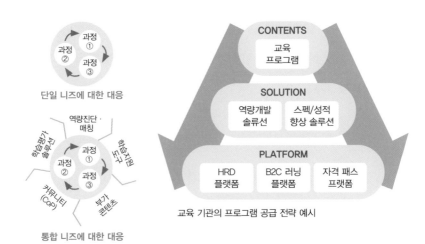

단일 니즈에 대한 대응

통합 니즈에 대한 대응

종합적 니즈에 대한 대응

교육 기관의 프로그램 공급 전략 예시

했다. 예를 들어, 기업에 교육 프로그램을 공급하는 기관에서는 기업이 원하는 콘텐츠뿐 아니라 각 기업에 맞는 진단 툴이나 학습 관리 시스템, 다양한 부가 서비스 등 기업 교육 프로그램 통합 솔루션을 제공했다.

이런 콘텐츠와 솔루션 중심의 산업 구조는 에듀테크 시대를 맞아 새로운 플랫폼으로 변화해나갈 것이다. 다양하면서도 빠르게 변화하는 학습자의 욕구는 콘텐츠와 솔루션의 제공만으로 충족하기에는 역부족이다. 애플과 구글이 모바일 앱 시장에서 자신들만의 생태계를 구축했듯이, 만드는 사람과 소비하는 사람을 직접 연결하는 플랫폼을 구축하는 것이 에듀테크 시대의 콘텐츠 공급 전략이 될 것이다.

스스로 콘텐츠를 만들고 서로 함께 소비하는 장인 플랫폼을 만들지 않고는 소비자의 다양한 욕구를 해결할 수 없다. 이런 이유로 교육 기관들은 기존의 콘텐츠, 솔루션 영역에서 교육의 생태계가 되는 플랫폼을 구축하려 노력하고 있다. '카카오 톡'이 메시지를 주고받는 플랫폼으로 사용자를 늘려놓은 이후 다른 영역으로 사업을 확장하듯, 교육 또한 이런 전략이 살아남는 시대로 변화하고 있는 것이다.

유통 경계의 파괴

교육산업에도 유통의 역할이 존재했다. 강사와 학생을 연결할 때, 강사의 정보를 가지고 있는 교육 기관들과 학생들의 정보를 가지고 있는 학교 또는 기관들이 서로 달랐기 때문이다. 지금까지는 교육 기관의 영업·마케팅 담당자와 학교의 담당 교사 또는 기업의 교육 담당자들이 중간 역할을 하며 적합한 프로그램을 선정하고 프로그램을 공급해왔다. 예를 들어 '클레이 아트'라는 학생 대상의 방과 후 교육 프로그램이 있다면 관련 교육 기관의 영업 담당자가 학교 교사와 직접 만나 가격, 프로그램, 강사, 횟수 등을 결정하는 방식이었다.

플랫폼 기술의 발달과 빅데이터 분야의 발전은 이런 유통 구조를 탈중개화Disintermediation할 가능성이 높다. 콘텐츠 및 강사 정보를 소유한 사람과 학습자 정보를 소유한 사람의 불일치로 발생하는 유통 구조를 플랫폼이라는 부분이 통합할 수 있게 때문이다.

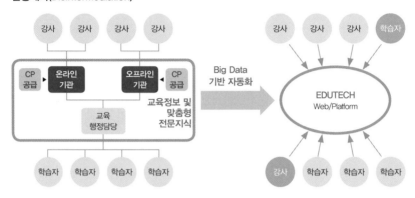

탈중개화(Disintermediation)

즉, 과거 학습자에게 알맞은 콘텐츠를 전달하는 기능을 영업·마케팅 전문가가 담당했다면, 이후에는 빅데이터 분석에 의해 시스템상에서 자동으로 연결되거나 학습자 스스로 자신이 원하는 콘텐츠를 찾을 수 있는 플랫폼들이 발전하게 될 것이다.

예를 들어 '로봇 관련 기초 지식'을 학습하고 싶어 하는 학생이 있다면, 과거의 방식으로는 관련 교육 행정 담당자나 관련 콘텐츠 영업 담당자를 거쳐야만 했을 것이다. 하지만 교육 플랫폼상에서는 학습자의 검색 한 번으로 학생이 원하는 로봇 관련 콘텐츠를 찾아내거나 추천받는 것이 가능해진다. 빅데이터 분석으로 사용자의 욕구를 간파하는 기술이 점점 더 발전할 것이기 때문이다.

학습자와 강사·콘텐츠를 직접 연결하는 플랫폼과 빅데이터 기반의 맞춤형 추천 기능은 기존의 교육산업에서 유통 기능들을 서서히 지워가고 있다.

프로그램 사이의 경계 파괴

에듀테크의 발전은 교육 프로그램 사이의 경계도 무너뜨리고 있다. 교육산업 내 기관들이 각각의 영역에서 자신들만의 사업을 영위했다면, 기술의 발전과 사회적 수요는 이런 영역의 경계들을 필요없는 것으로 만들고 있다.

K-12라는 초·중·고등 교육 프로그램에 온라인 교육 및 IT 기술을 더해 '알트 스쿨'과 같은 맞춤형 학교가 탄생했다. 온라인 교육과 대학 학위 프로그램이 합쳐진 무크 프로그램이나 인문학, 공학·과학, 온라인 교육이 합쳐진 융합인재 프로그램이 등장했다. 또한 플립 러닝은 온·오프라인 교육의 경계를 없애고 있으며, 취업과 학위가 합쳐진 나노디그리 프로그램도 생겨났다.

경계를 넘나드는 프로그램들은 더욱 다양해질 것으로 보인다. 이제 학생들의 수요가 여러 가지를 한 번에 해결하고 싶어하는 통합형 수요로 바뀌고 있기 때문이다. 하나의 프로그램만으로는 더 이상 학습자들을 만족시킬 수 없으므로 교육 기관들은 서로 다른 영역으로의 확장과 교육 프로그램의 통합을 앞다투어 추진하고 있다.

우리는 앞에서 교육 기관 사이의 경계, 교육 프로그램 생산과 소비의 경계, 유통구조의 경계, 마지막으로 프로그램 사이의 경계들이 무너지고 있는 것을 살펴보았다. 이러한 교육의 경계 파괴는 이후 교육산업의 통합과 재편을 가속화시킬 것이다.

에듀테크 시대,
우리는 어떻게 가르치고
배워야 하는가?

에듀테크를 통한 교육의 변화들에 대해 살펴보았다. 그렇다면 우리는 에듀테크 시대에 무엇을 가르치고 배워야 할 것인가?
디지털 기술을 활용한 가르침과 경계없는 배움에 대해 제안해보고자 한다.

에듀테크 시대
가르침의 방법에 대한 제안

에듀테크에 의해 급격하게 변해 가는 교육 환경에서 우리는 과연 어떻게 가르치고 배워야 할까? 필자는 에듀테크로 인해 교육의 미래가 바뀌어나가는 현재 상황에서, 우리가 함께 염두에 두어야 할 것들을 몇 가지 정리해서 제안하고자 한다.

디지털 활용은 필수이다

우선 교육을 하는 입장에서 염두에 두어야 할 것들을 짚어보자. 가장 먼저 제언하고 싶은 것이 바로 디지털의 활용이다. 에듀테크를 통한 교육의 변화는 그 중심에 테크놀로지 즉, 디지털 기술이 있다.

기술이 교육을 대체하지는 못할 것이다. '에듀테크'라는 단어의 의미 자체에 주와 종이 있기 때문이다. 교육이 먼저이고, 기술이 이를 뒷

받침하는 것이 에듀테크의 정확한 의미라 할 수 있다. 기술적 변화를 무시하라는 이야기는 절대 아니다. 기술의 발전과 더불어 디지털 기술은 교육 분야에 더욱 깊숙이 들어올 것이다. 이런 변화를 무시한다면 교육의 대중성이나 효율성 등의 효과적인 측면에서 뒤쳐질 가능성이 높다. 교사와 강사가 없어지지는 않겠지만 디지털을 활용하는 교사와 강사가 그렇지 못한 교사와 강사들을 급속도로 대체해나갈 것은 자명하다.

가끔 이런 질문을 받기도 한다. 우리 교육생들은 50대 이상이고 디지털을 배우기 싫어하는데 굳이 디지털을 알아야 하는가?

우리가 인터넷을 쓰고 컴퓨터를 사용하기 시작한 것도 그리 오래 되지 않았다. 20여년 전만 하더라도 직장에 한 부서당 컴퓨터가 2~3대 정도밖에 없었고 타이핑을 담당하는 전문 직원이 있었다. 이들에게 수기로 문서를 만들어 주면, 그 문서를 그대로 타이핑하고 출력해서 부탁했던 과장님이나 부장님 책상에 올려놓는 식이었다. 만일 우리가 그 당시로 돌아가 교육을 하는 입장이 된다면 부장님이나 과장님에게 새로운 기술인 컴퓨터 사용법을 가르치지 않을 것인가?

교육을 하는 입장에서는 디지털과 모바일 같은 메가 트렌드에 익숙해지도록 돕는 것도 하나의 역할일 것이다. 단지 싫어한다고 익숙하지 않다고 해서 가르치지 않는 것은, 일정 부분 교육자로서 역할을 수행하지 못하는 모양이 될 수 있다.

디지털을 활용하기 위해서는 우선 디지털에 익숙해지는 것이 필요하다. 교육을 설계하고 실행하기 전 교육 대상자가 자주 사용하는 어플이나 웹 사이트, 게임, SNS 등에 미리 친숙해질 필요가 있다. 그들이 사용하는 디지털 기반의 서비스들은 이미 교육생의 사고에 들어와 하나의 문화로 형성되어 있기 때문이다. 교육생의 문화를 알아야 더욱 효과적이고 효율적인 교육이 가능하다.

짧게 나누어서 가르쳐라

우리는 정보의 홍수 속에서 살고 있다. 자고 일어나면 새로운 기술이 쏟아지고, 새롭게 배워야할 지식들이 산처럼 쌓여있는 시대를 살아가고 있는 것이다. 이제 콘텐츠가 부족해서 학습할 수 없다기 보다 무엇을 배워야 할 지 몰라 학습을 제대로 진행하지 못하는 경우가 더 많이 생겨나고 있다.

방대한 정보의 양과 더불어 다양한 미디어와 디바이스에 노출되는 현대인의 특성은 콘텐츠에 집중할 수 있는 시간을 축소시켰고 이는 짧은 콘텐츠를 좋아하는 흐름으로 이어졌다. 이런 현상은 스마트폰의 대중적 보급으로 모바일 환경이 일반화되면서 더욱 가속화되고 있다.

아래 그림에서 치즈 덩어리를 하나의 콘텐츠라고 하자. 현대의 바쁜

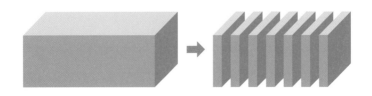

교육생에게 커다란 콘텐츠를 통째로 먹이기에는 시간이 부족할 것이다. 짧은 콘텐츠를 선호하는 이들에게는 그림과 같이 덩어리진 콘텐츠를 슬라이스 치즈처럼 잘라 조금씩 나누어 먹게 해야 한다. 이렇게 하면 부담스러워하거나 질려하지 않고 치즈를 먹을 수 있듯이, 교육 또한 조금씩 그 내용을 익혀나갈 수 있게 된다.

짧은 콘텐츠를 설계할 때는 구체적인 내용을 담는 것이 중요하다. 예를 들어 〈조직을 리드하는 방법〉에서는 '조직 구성원을 하루 한 번 칭찬하는 방법'을, 〈판매 영업 방법〉에서 '초기 20초 아웃바운드 콜에서 고객을 사로잡는 법'을 제시하는 것이 효과적이다.

짧은 콘텐츠를 활용할 때 하나 더 주의해야 할 점은 전체 콘텐츠의 중심을 놓쳐서는 안 된다는 점이다. 짧은 콘텐츠들의 합은 하나의 완성된 내용을 가져야 한다. 일반적으로 하나의 콘텐츠 단위는 다른 콘텐츠 단위와 연결되는 내용을 가지고 있다. A를 알아야 B를 알고, B를 알아야 C를 알 수 있는 식이다. 마치 더하기를 알아야 빼기를 알 수 있고 한 자리 수 더하기를 알아야 두 자리 수 더하기를 할 수 있는 수학 과목처럼, 각 콘텐츠들이 서로 연계성을 가질 수 있도록 구성하는 것이 매우 중요하다.

살만 칸의 '칸 아카데미'는 이런 연계성을 잘 활용한 사이트라 말할 수 있다. 살만 칸은 메사추세스공대MIT와 하버드 경영 대학원 경영학 박사MBA 과정을 마친 후 금융 회사에 일하던 중, 인도에 있는 사촌 동생에게 수학 과목을 가르치기 위해 온라인 교육 콘텐츠를 만들었고, 그것이 칸 아카데미 설립으로 이어졌다.

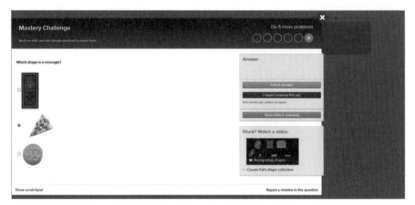

(출처 : 칸 아카데미 웹 사이트, Khanacademy.org)

그는 미국과 인도라는 거리적 한계를 극복하기 위해 수학 강의를 촬영해서 유튜브에 올려 놓았는데, 사촌동생이 아닌 다른 이들의 반응이 폭발적이었다. 칸은 이 현상을 보고 온라인 강의가 사업적 가능성이 있다고 판단해 하던 일을 그만두고 수학 강의 및 사이트 제작에 몰두하였다.

칸 아카데미 강의는 각각 짧게 나누어져 있다. 위 자료는 기초 수학 과목의 한 부분으로 학습자는 직접 문제를 풀면서 풀이 방식을 익힐 수 있다. 어려운 문제의 경우 동영상을 듣고 풀 수 있으며 이 동영상은 대부분 5분 이내로 제작되어 있다.

또한 다음의 그림과 같이 자신이 배우는 부분의 로드맵을 일목요연하게 제시해주기 때문에, 서로 연계되어 있는 내용의 강의들을 단계별로 밟아 가면서 학습의 전체적인 맥락을 이해할 수 있다. 따라서 이 사이트를 이용하면 수학의 기초에서 심화까지 수준대로 학습하며 정복할 수 있다.

(출처 : 칸 아카데미 웹 사이트, Khanacademy.org)

빠르게 학습 설계하기

'학습이 필요한 적시에 교육 콘텐츠를 공급할 수 있는가?' 하는 문제는 최근 중요한 이슈로 떠올랐다. 콘텐츠의 양이 늘어나는 것과 더불어 콘텐츠의 유효 기간 또한 짧아지고 있기 때문이다. 시기에 맞는 교육 콘텐츠를 공급하는 것이 교육 제공자의 핵심 역량이 되어가고 있다.

다음 그림은 전통적인 교육 학습 설계 모형인 'ADDIE'이다. 학습 설계를 순서인 분석, 설계, 개발, 실행, 평가 순으로 나타낸 것으로 현재 가장 많이 사용되는 모형이기도 하다.

하지만 이 ADDIE 모형은 최근 들어 일부 보완이 필요하게 되었다. 사회가 빠르게 변해가는 것이 그 원인이다. 우선 이 모형은 프로그램 개발의 기간이 길어 변화하는 욕구에 즉각 대응하지 못한다. 개발 모형을 따라 하나의 과정을 완성시키기 위해서는 3~12개월 정도가 걸

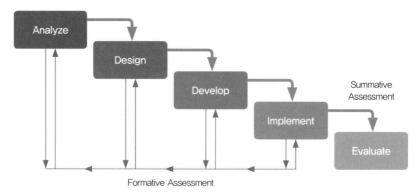

ADDIE Instructional Design Classic "Waterfall" Development Model

Analyze

Design

Develop

Implement

Summative
Assessment

Evaluate

Formative Assessment

리는데, 이 기간 사이에 변화하는 학습자의 욕구를 반영할 수 없는 것이다. 또한 별도의 중간 평가가 없기 때문에 모든 과정이 끝난 후에야 교육 프로그램의 평가가 이루어진다는 단점이 있다. 게다가 모형 자체가 한 단계가 끝난 이후 다음 단계로 넘어가는 폭포수 모형이기 때문에 진행의 흐름이 유연하지 못하다는 한계를 가지고 있다. 이러한 단점들이 경영 환경이나 교육 환경, 사회적 환경의 변화 속도가 매우 빨라지는 최근의 상황 속에서 치명적인 문제로 대두되고 있다.

이런 단점을 보완하기 위해 민감한 교수 설계법들이 속속 등장하고 있는데 대표적인 것이 'SAM' 기법이다.

SAM Successive Approximation Model 기법은 ADDIE 모형과는 다르게 순환형 모형을 기본으로 삼고 있다. 가장 큰 특징은 절차보다는 실행에 초점을 맞추고 있다는 점이다. 또한 평가와 리뷰가 중간 단계에 들어가 있어 환경 변화를 교수 설계에 즉각적으로 반영할 수 있다.

예를 들어, 중간관리자 대상의 리더십 교육에 대한 이슈가 있다고 하자. ADDIE 기법은 절차를 거치면서 중간관리자에게 필요한 교육을 분석하고 (Anlysis), 이 부분을 마치면 과정을 설계 (Develop)하고 개발해나간다. 이런 과정에서 기존에 분석했던 중간관리자의 리

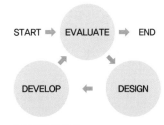

START ➡ EVALUATE ➡ END

DEVELOP ⬅ DESIGN

SAM 단순화 모형

더십 중, 코칭 교육의 필요성보다 직원들에 대한 경청이 더 중요하다는 사실이 발견된다. 하지만 'ADDIE 모형'은 중간에 평가하고 조정하는 프로세스가 없기 때문에 이런 수요의 변화를 평가 단계에서 발견하고, 뒤늦게 교육이 성공적이지 못했음을 깨닫게 된다.

이와 달리 'SAM 기법'은 실행 및 평가, 설계, 개발이 순환적으로 일어나기 때문에 변화를 빠르게 발견하여 경청 교육에 대한 필요성을 즉각적으로 반영할 수 있다. 평가 단계에서만 문제점을 발견할 수 있었던 ADDIE 모형이 가진 단점을 극복할 수 있게 되는 것이다.

조금 더 간략하게 설명하자면, SAM 기법과 같은 교수설계 모형은 순환형 모형을 근간에 두고 과거에 일직선상으로 진행되었던 교수 설계 방식을 순환형으로 바꾸어 빠르게 변화하는 환경을 즉각적으로 반영하려는 모델이다. 즉, 환경변화에 민감한Agile 기법으로 교육 프로그램을 유연하게 설계할 수 있는 새로운 방법인 것이다.

이런 방법은 콘텐츠를 빠르게 생산할뿐 아니라, 환경에 따른 욕구 변화를 교육 프로그램에 즉각적으로 반영할 수 있다는 장점이 있다. 속도가 빨라 유연하게 욕구 변화에 대응할 수 있으며 지속적인 평가로 큰 실수를 피할 수 있다. 또한 관련자들과 지속적인 협업이 가능하며

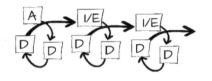

프로젝트의 요구 사항이 계속해서 변한다 하더라도 대응이 가능하다.

교육 프로그램을 설계할 때, ADDIE 모형과 더불어 이런 순환 구조 설계 방법을 활용한다면, 3~12개월 공들인 프로그램을 다 만들어 놓고 학습자들에게 선택받지 못하는 리스크를 줄일 수 있을 것이다.

인포멀 러닝을 설계하라

에듀테크의 지원을 받을 수 없는 교육 프로그램 설계에서는 '포멀 러닝을 어떻게 효과적으로 진행할 것인가'가 주요한 이슈였다. 때문에 인포멀 러닝에 관해서는 교육자가 관리하고 계획하는 데 한계가 있었다. 하지만 에듀테크의 발달은 인포멀 러닝을 설계하고 관리하는 것을 가능하게 해주었다.

포멀 러닝은 학습자의 숙련 정도가 높을수록 그 효과가 줄어든다. 전문가에게 강의식 집합 교육은 오히려 지루함을 유발하기 때문이다. 이들에게는 멘토를 붙여 주거나 스스로 학습할 수 있게 하거나 강의자료를 만들게 하는 것이 전문성을 더욱 강화시킬 수 있는 방법이다.

대상에 맞게 포멀 또는 인포멀 러닝을 설계해나가는 것이 무엇보다 중요하다. 신입이나 약간의 숙련자들을 대상으로 할 때는 포멀 교육으로 보다 효과적으로 전달할 필요가 있으며, 전문가와 숙련자 대상으로

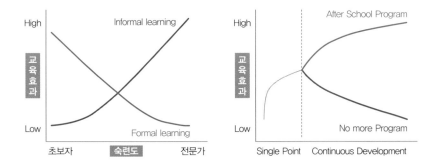

는 정보를 공유하고 실제 경험을 할 수 있는 교육 중심으로 설계하는 것이 중요하다.

인포멀 프로그램의 설계는 지속 가능한 성장을 위해 필수적이다. 어떤 내용이든 별도의 복습 없이 일회성 학습으로 그친다면 교육 효과는 시간이 흐를수록 떨어질 수밖에 없다. 사람은 망각하는 동물이기 때문이다. 하지만 멘토링이나 SNS, 교육 자료 제공, 복습 자료 발송, 연습 문제 풀이, 심화 학습 모임 결성 등 교육 이후의 프로그램을 잘 설계한다면 교육 효과를 유지하거나 혹은 더 상승시킬 수 있다. 에듀테크 기술을 활용해 이런 사후 관리를 함께 설계한다면 학습자에게 더 좋은 프로그램을 제공할 수 있을 것이다.

에듀테크 시대의
배움의 자세

배움에 경계를 두지 마라

레오나르도 다빈치의 명작 '모나리자'는 보는 사람에 따라 웃는 표정으로 보이기도 우울한 표정으로 보이기도 한다. 하나의 그림에서 사람들은 저마다 다른 표정을 읽고 다른 느낌을 갖는다. 이 신비한 얼굴의 비결은 바로 '스푸마토' 기법에 있다.

스푸마토 기법은 이탈리아어 'sfumare(연기처럼 사라지다)'에서 유래된 것으로, 레오나르도 다빈치에 의해 개발됐다. 말 그대로 사람들에게 안개처럼 사라지는 느낌을 선사한다는 뜻이다. 다빈치는 이를 '뚜렷한 윤곽을 없애는 방법'이라 정의했다. 다빈치 작품이 갖는 생생함의 비결은 바로 이 스푸마토 기법이다. 모나리자 얼굴의 특징을 드러내는 눈과 입의 가장자리에 스푸마토 기법이 사용되었는데, 이를 살펴보면 모나리자의 신비를 이해할 수 있다.

미술 작품에서 경계를 없애는 방법은 당시로서 무척 획기적인 시도였다. 경계를 정하지 않고 해당 부분을 여러 번 덧칠함으로써 작품에 더욱 생동감을 불러 일으키게 된 것이다.

한 편 경계를 심하게 해서 몰락한 이들도 있다. 철도 산업으로 큰 돈을 번 사업가가 있었다. 그는 죽을 때가 되자 방탕한 생활을 하고 있는 아들들이 걱정됐다. 그는 철도 회사에서 나오는 모든 수익을 다시 철도 사업에 투자해야 한다는 조건으로 아들들에게 유산을 넘겨줬다. 그러나 사업가의 뜻과는 반대로 얼마 지나지 않아 그 철도 회사는 문을 닫게 되었다. 세상이 바뀌어 철도가 아닌 자동차와 비행기가 여객 및 수송 산업의 주요 수단이 됐기 때문이다. 만약 이 사업가가 '철도 사업'으로 사업의 경계를 정하지 않고 '운송 사업', '수송 사업' 등으로 보다 폭넓게 정의했더라면 그 회사는 새로운 성장 동력을 찾을 수 있었을 것이다. 사업의 경계를 스스로 명확히 한 것이 도리어 기회를 차단해 문을 닫게 만든 셈이다.

이처럼 사업의 한계 또는 시장의 경계를 정하면 오히려 새로운 기회를 놓치게 될 수도 있다. 경계를 명확하게 하는 것은 어떤 면에서는 효율적일 수 있지만, 결국 한계를 설정한다는 의미가 될 수도 있기 때문이다. 특히 최근의 시장 변화와 정보통신의 발전, 통합 및 융합의 움직임은 시장의 한계를 정하는 것이 위험하다고 암시하고 있다. 필름 시장의 '후지', 휴대전화 시장의 '노키아', 워크맨 시장의 '소니' 등 과거의 영광과 달리 시장의 변화로 인해 어려움을 겪고 있는 기업을 우리는 흔히 볼 수 있다.

배움에 있어서도 경계를 두는 것은 자신의 한계를 설정하는 것과 마찬가지일 것이다. 지금과 같이 빠르게 변화하는 시대에서 배움에 경계를 두는 것은 성공으로 나아가는 데 한계를 두는 일일 수 있다. 4차 산업혁명 시대, 에듀테크 시대를 맞이하며 배움에 경계를 두지 않고 학습의 모든 가능성을 열어두는 자세가 필요하다.

교학상장, 누구에게나 배우고 함께 성장하라

교학상장教學相長이라는 사자성어는 많이 들어 익히 알고 있는 말이다. 다시 한번 그 의미를 새겨보자면, 가르치고 배우면서 서로 자란다는 뜻을 담고 있다.

우리는 배움에 임할 때 어느 누구에게나 배울 점이 있다는 것을 염두해야 한다. 나아가 배운 것을 다른 사람에게 가르치면서 함께 성장하려는 마음가짐을 가져야 한다. 에듀테크 기반의 다양한 소셜 러닝 사이트들이 등장하면서 콘텐츠의 양과 질보다는 배움의 자세가 더 중요해지고 있다. 배우려는 자세만 있다면 얼마든지 학습할 수 있는 다양한 콘텐츠들이 제공되고 있기 때문이다.

'후배한테 어떻게 가르쳐 달라고 하지?', '동생인데 뭘 알겠어?'와 같은 생각은 에듀테크 시대에 더 이상 유효하지 않다. 누구에게나 배울 수 있고, 어떤 경험에서도 배울 점이 있다고 생각하는 것, 즉 배움의 대상에는 경계가 없다고 생각하는 것이 바람직한 태도일 것이다.

하나만 전공하는 것은 바람직하지 않다.

영화『아이언 맨』의 등장인물 토니 스타크의 실제 모델인 '테슬라'의 최고 경영자인 앨런 머스크는 대학에서 물리학과 경영학을 전공했다. 이후 스탠퍼드 대학원에 진학하고 곧바로 창업의 길에 들어섰다. 그는 인터넷 사업을 시작으로 전기 자동차를 중심의 청정에너지 사업, 나아가 우주 사업인 '스페이스X'까지 인류의 미래라는 원대한 꿈을 바탕으로 자신의 전문 분야를 너머 새로운 도전을 해나가고 있다.

산업화 시대의 사람들은 대학에서 특정한 분야를 전공하고 그 기술을 바탕으로 은퇴까지 비교적 안정적인 직장 생활을 영위해나갔다. 하지만 파괴적 혁신이 일반화된 오늘날에는 잘 나가던 기업이 갑작스레 쇠망의 길을 걷고, 오늘의 유망 직종이 내일 사라지기도 한다.

성장하기 위해 특화된 전문 분야를 가지는 것은 매우 중요하다. 하지만 연구 분야에 종사할 것이 아니라면, 아니 설령 연구 분야에 종사한다 하더라도 다양한 분야에 전문성을 가지는 것은 창조 경제의 시대에 주요한 장점이 된다. 앨런 머스크와 같이 두 분야의 이론과 실용을 결합한 사고, 즉, 융합적 사고의 중요성이 지속적으로 커져가고 있다.

전공 분야를 다양화하는 이유는 다른 시각을 통해 융합적이고 창조적인 결과를 성취하기 위함이다. 엄지 손가락을 제외한 네 손가락만으로 물건을 잡으려고 하면 잘 잡히지 않는다. 엄지와 나머지 네 손가락이 결합되었을 때 물건을 잘 잡을 수 있다. 반대쪽에서 엄지 손가락이 네 손가락을 받쳐 주기 때문이다. 즉 다른 방면에서 전문 지식을 키워나갈 때 두 분야의 장점이나 특이점이 결합되어 우리가 원하는 결과를 안정적으로 얻어낼 수 있는 것이다.

전공 분야를 다양화하는 또 한 가지 이유는 세상이 빠르게 바뀌고 있기 때문이다. 과거 우리가 공부한 전공 분야가 어느 날 더 이상 필요 없어질 수도 있다. 그 전공 분야가 존재한다고 하더라도 새로운 지식과 내용의 전혀 다른 학문으로 발전하고 있을 가능성 또한 무시할 수 없다. 때문에 배움을 게을리 하지 말고 전공 분야를 다양하게 두어 지속적으로 자신만의 무기를 갈고 닦아둘 필요가 있다.

이는 반드시 대학에서 복수 전공을 하거나 다른 과에 진학하라는 의미가 아니다. 다양한 분야에 전문성을 쌓으라는 이야기다. 4차 산업혁명의 시대에서 단 하나의 전문성으로 평생을 먹고 살 수 있다는 생각은 큰 오산이다. 새로운 전문 분야나 기술에 지속적인 관심을 두고 자신이 추구하는 목표에 필요한 학습이라면 적극적으로 배워나가는 것이 중요하다.

자신에게 맞는 배움의 채널을 다양하게 만들어라

지식이 오프라인 중심으로 존재했을 때는 교수나 선생님을 만나야만 학습이 가능했다. 하지만 인터넷과 모바일 환경이 발달되어 있는 오늘날에는 인터넷이나 SNS, 온라인 강의 등을 통해 집이나 학교, 회사에서 손쉽게 원하는 지식을 찾을 수 있다. 때문에 오히려 너무 많은 채널에 노출되어 있어 어떤 것을 배워야 할 지 모르는 경우가 발생하고 있다. 인터넷 강의라든지 주로 보는 인터넷 사이트, 모바일 어플, SNS 등 다양한 채널을 학습자의 수준과 목적에 맞게 재구성할 필요가 있다.

과거에는 잡지나 신문을 통해 정보를 얻었다면, 최근에는 인터넷이나 전문 어플, SNS 등 여러 경로를 통해 자신에게 꼭 맞는 정보들을 획득할 수 있다. 또한 인터넷 설정이나 앱 설정만으로 자신이 원하는 시간에 해당 내용이 전송되게 조정할 수도 있다. 국내뿐 아니라 세계 어디의 누구와도 연결될 수 있기 때문에 글로벌한 최신 정보를 얻을 수 있는 채널까지 만들어 둔다면 금상첨화일 것이다.

모바일 디바이스에 맞춤형 학습 공간을 만들어 놓는 것은 우리의 성장에 매우 유용한 양분이 될 것이다. 필자 또한 스마트폰에 8~10가지 정도의 앱과 SNS를 설치해 자기계발용 공간을 만들어두고 정보를 습득하고 공부하는 등 꾸준히 이용하고 있다.

배움의 고정 관념에서 벗어나라

초나라 사람이 배를 타고 강을 건너는 도중 잠이 들어 버렸다. 그는 보검을 지니고 있었는데, 잠결에 그 보검이 검은 강물 속 깊이 빠져 버렸다. 이 사실을 깨달은 남자는 주머니 속에서 작은 검을 꺼내어 뱃전에 칼자국을 내고는 "내 검이 이 지점에서 떨어졌다. 내가 빨리 표시를 해두었기 때문에 찾을 수 있다"라고 주변에 얘기했다.

배가 강 건너편에 도착하자, 그는 표시를 해 놓은 뱃전으로 가서 강물 속에서 검을 찾기 시작했다. "분명히 여기 표시해 두었는데…." 사람들은 그를 비웃었지만 그는 계속 검을 찾기 위해서 강 속을 뒤지고 또 뒤졌다.

위는 사자성어 '각주구검'에 얽힌 이야기이다. 배에 표식을 새겨 칼을 구한다는 뜻으로, 융통성이 없고 고정 관념에 사로잡혀 어리석은 행동을 하는 사람을 이르는 말이다. 보검을 지닌 사람은 배 안의 상황에만 집중해 넓은 강을 고려하지 않았다. '배'에서 잃어버린 위치에 사로잡힌 나머지, 실제로 칼이 빠진 강의 위치를 확인하지 못한 것이다.

우리의 배움 또한 이런 고정 관념에 빠지는 것을 경계해야 한다. 강과 같은 넓은 흐름을 보지 못하고 눈 앞의 상황만 보고 학습을 진행했다가는 위와 같은 상황이 되기 십상이다.

고정 관념에서 벗어나기 위해서는 어떤 배움의 습관을 가져야 할까? 우선 다르게 생각하는 연습을 하는 것이 필요하다. 한 가지 사물을 바라볼 때 다양한 시각에서 생각하는 습관을 길러야 한다.

팀 허슨Tim Hurson의 책 「Think better」에 보면 다음과 같은 사례가 나온다. 미국항공우주국NASA은 우주에서 잉크가 흐르지 않아 볼펜을 사용할 수 없다는 사실을 발견했다. 이에 미국항공우주국NASA은 기계 공학자, 화학자, 유체 역학 기술자들로 구성된 팀을 여러 개 만들어 이 문제를 해결하도록 했는데, 우주 펜을 만드는 데 사용된 연구비와 시제품 제작비가 무려 수백만 달러에 이르렀다. 허나 당시 우주 기술로 미국항공우주국NASA과 경쟁하던 소비에트 연방의 해결 방법은 달랐다.

소비에트 연방의 해답은 아주 단순했다. 그냥 우주인들에게 연필을 제공하는 것이었다. 미국항공우주국NASA은 '우주에서 쓸 수 있는 펜'이라는 생각에 사로잡혀 막대한 시간과 경비를 지불했지만, 소비에트 연방은 '무중력 상태에서 어떻게 필기를 할 것인가.'하는 보다 근본적인 방안에 대해 생각했고, 연필이라는 단순 명료한 정답에 이르렀다.

위와 같이 배움에 있어서도 다양한 시각으로 생각하고 사고하는 것이 중요하다. 이런 사고력을 통해 이전에는 풀지 못했던 다양한 문제들을 해결해나갈 수 있기 때문이다.

고정 관념을 벗어나기 위한 두 번째 배움의 습관은 더 넓게 더 크게 보는 것이다. '우물 안 개구리'라는 말이 있듯이 하나에만 몰입하는 시각을 가지고 있으면 전체적인 큰 흐름을 보지 못한다. 의도적으로 좀 더 크고, 좀 더 넓게 생각하려고 노력한다면 고정 관념에서 벗어나 보다 색다른 생각을 할 수 있다.

캐나다의 아이스 하키 우상인 웨인 그레츠키는 "훌륭한 하키 선수는 퍽이 있는 곳으로 달려가지만, 위대한 하키 선수는 퍽이 향하는 곳으로 달려간다."라고 말한 바 있다. 이같이 전체적인 흐름을 읽는 눈은 우리의 배움과 성장을 위해 지속적으로 길러나가야 하는 능력이다.

마지막으로 고정 관념을 탈피하기 위한 배움의 습관으로 보다 깊게 생각하는 방법이 있다. 어떤 일이 풀리지 않을 때 깊게 고민하다 보면 갑자기 아이디어가 떠오를 때가 있다. 풀리지 않는 문제도 깊게 파고 들어가다보면 실마리가 생기곤 한다. 깊은 사고 능력을 의도적으로 키워나간다면 사고의 고정 관념에서 벗어날 수 있게 될 것이다.

박지영의 「유쾌한 심리학2」에 나온 사례를 소개하면 프랑스의 화가 니콜라스 자크 콩테는 흑연과 진흙을 조합하여 삼목으로 껍데기를 씌운 연필을 발명했는데, 이것이 연필의 시초이다. 하지만 콩테가 처음 사용한 흑연은 며칠 동안 말려도 쉽게 부서져버리곤 했기 때문에 그림을 그리거나 작업을 하기에는 어려움이 있었다. 가장 큰 문제는 어떻게 하면 흑연에 일정한 강도를 줄 수 있는가 하는 부분이었다. 콩테는 매일 새로운 방법을 시도해 보았으나 결과는 항상 실패였다.

생각에 생각을 거듭하던 어느 날, 콩테는 저녁을 먹다가 무심코 접시를 만지고는 갑자기 자리에서 벌떡 일어섰다. 접시를 만지는 순간 밤새도록 고민했던 문제의 실마리가 떠올랐기 때문이었다. '만약 접시처럼 흑연을 불에 구우면 지금보다 더 단단해질까?' 콩테는 바로 작업에 들어갔고 실험은 대성공이었다. 완성된 연필이 탄생하는 순간인 동시에 흑연은 잘 부서진다는 고정관념을 벗어버리는 순간이기도 했다. 콩테처럼 풀리지 않는 일을 만났을 때, 단념하거나 실패라 규정짓기에 앞서, 한 번 더 깊게 생각하는 습관을 들이면 의도하지 않은 좋은 생각을 얻어낼 수 있다.

창의력의 시대, 창조 경제의 시대에서 우리는 '각주구검'처럼 자신만의 표식에 사로잡혀서는 안 된다. 검을 찾으려면 다르게 생각해 보고, 보다 크게 생각하고, 깊게 생각해 봄으로써 고정 관념이라는 울타리에서 벗어나야 한다. 이런 노력은 우리에게 많은 배움의 기회를 만들어 주고 보다 성장할 수 있는 문을 열어줄 것이다.

간판의 시대가 아닌 능력의 시대가 온다

평생학습을 생활화하자

1960년대에서 1990년대까지 대학 학위는 좋은 직장의 보증 수표나 다름없었다. 이런 사회적 풍토로 인해 대학에 들어가기 위한 고액 과외가 성행하고, 부모들은 자녀들을 좋은 대학에 보내기 위해 혈안이 되어 있었다. 하지만 이런 사회적 분위기는 IMF를 거치면서 서서히 줄어가고 있다. IMF 위기는 '평생 직장의 시대'가 끝났음을 보여주었고, 더 이상 기업이 직원들을 책임질 수 없음을 여실히 느끼게 해주었다. 또한 최근의 일자리 수 감소와 관련된 청년 실업의 문제는 더 이상 대학이라는 간판이 안정적인 삶을 보장할 수 없다는 점을 시사하고 있다. 즉, 시대가 변하면서 학습과 직업의 연결 고리 또한 변해가고 있는 것이다. 익혀야 할 지식의 양이 증가하면서 셀러던트(셀러리맨+스튜던트)라는 신조어가 생길 정도로 평생학습의 중요성이 강조되고 있다.

지식의 빠른 속도 또한 평생학습의 필요성을 강조하고 있다. 매일 쏟아지는 새로운 지식들을 공부하지 않고서는 시대의 흐름을 따라갈 수 없다. 새로운 지식이 등장함과 동시에 과거의 지식은 무용지물이 되는 현상들이 계속해서 나타나고 있기 때문이다. 과거에는 대학 공부 4년으로 직장 생활 20년을 버틸 수 있었지만, 지금과 같은 변화 속도 하에서는 거의 불가능한 일이다. 앞서 소개한 유다시티의 나노디그리 프로그램처럼 빠르게 변화하는 환경에서는 새로이 등장한 기술을 3~6개월 안에 학습하고 바로 실무에 활용하는 것이 훨씬 더 실용적일 것이다.

마지막으로 산업 환경의 급격한 변화가 평생학습의 중요성을 부각시키고 있다. 20여년 전 미국 산업을 이끌었던 GE, IBM, GM과 같은 하드웨어 기업들은 최근에 페이스북, 구글과 같은 소프트웨어 기업들에 밀리고 있다. 인공지능과 로봇들은 인간의 직업을 빠르게 빼앗아가고 있다. 이런 세태에서 사람들은 로봇으로 대체할 수 없는 새로운 영역의 직업을 만들어야만 하고, 이를 위해 반드시 필요한 것이 바로 평생학습인 것이다.

공부가 중고등학생이나 대학생의 전유물로 생각되던 시대는 끝났다. 이제 나이를 불문하고 누구든 평생학습을 실천하려는 마음가짐을 가져야 한다. 새로운 지식을 배우려는 마음으로 자신의 학습 역량을 높여가는 것이 새로운 시대에 경쟁력 있는 구성원으로 살아남는 길이라는 점을 염두에 두어야 할 것이다.

그리스의 철학자인 소크라테스는 70세의 나이에도 여러 종류의 악기를 연주했고, 미켈란젤로는 80대에 걸작을 만들었다. 괴테 역시 80대에 『파우스트』를 완성했다. 이들은 모두 지속적으로 평생학습을 추구하는 사람들이었다. 이들은 어제와 다른 오늘을 꿈꾸었으며 늘 배우려 노력했다. 위인들의 성공 뒤에는 평생학습의 습관이 있었음을 기억해야 한다.

폐기 학습을 생활화하라

평생학습을 실천해서 머리 속을 채우기 위해서는 과거 학습했던 내용을 머리 속에서 지우는 것 또한 중요하다. 특정한 직업이나 학습을 여러 번 반복함으로써 더욱 숙달되는 현상을 의미하는 학습효과는 우리에게 많은 혜택을 준다. 기술을 습득하는 데 있어 보다 용이하게 만들어주며, 다양한 업무를 수행하는 데 있어서도 보다 손쉽게 성과를 만들어낼 수 있도록 도와준다. 하지만 이러한 학습효과에도 부정적인 면이 있다. 학습효과로 인해 새로운 관점의 접목이 불가능해지는 경우가 있는 것이다. 예를 들어 기업에서 새로운 상품이 나올 때 너무 많은 정보를 담으려고 하는 경우를 종종 볼 수 있다. 혹은 너무 고급 고객을 타깃으로 잡는 바람에 시장에서 실패하는 경우 또한 자주 볼 수 있다. 이러한 실패의 원인은 제품이나 고객에 대한 학습효과 때문에, 생산자 중심으로 더 높은 기준을 잡아버렸기 때문이다. 즉 과거 학습된 결과로 인해 제품에 무지한 고객의 관점을 이해하지 못하는 경우가 생기는 것이다.

예를 들자면, 한동안 시계 시장은 수중 몇 미터까지 방수가 가능한지 서로 경쟁한 적이 있었다. 하지만 몇 미터를 잠수하건 시계를 사용하는 대부분의 고객들은 방수 기능에 관심을 가지지 않았다. 전기 밥솥 시장에서 '도시바'가 세계 시장을 석권했을 당시 경쟁자들은 누가 더 많은 부가 기능을 만드는가에 혈안이 되어 있었다. 한 경쟁사 전기 밥솥의 부가기능은 23가지 이상이 되기도 했다. 하지만 도시바는 모든 기능을 단 3개의 단추로 압축해 세계 시장을 석권했다. 제품이나 시장에 대해 잘 알아도 그것이 소비자의 욕구와 다르면 결국 실패한 전략이 되고 만다. 중요한 것은 남들과 다른 시선으로 세상을 보는 것이다.

무엇인가를 새롭게 배우고 경험할 때, 이전에 알고 있던 낡은 지식은 철저히 폐기하는 습관을 가져야 한다. 이를 unlearning, 즉 폐기 학습이라 한다. 이러한 폐기 학습은 성공이나 실패의 경험이 있었을 때일수록 실행하기 힘들다. 성공의 도취와 실패의 두려움은 우리의 뇌리에 깊게 각인되기 때문이다. 진정한 성공을 위해서는 제로 베이스 관점에서 재출발해야 하기 때문에 폐기 학습을 생활화하는 것이 중요하다. 폐기 학습은 고민하는 일이 잘 풀리지 않을 때, 아무리 노력해도 진행이 되지 않을 때, 한 번씩 고려해 볼 필요가 있다. 근본적인 접근을 통해 단순하고 명확한 해답을 얻을 수 있기 때문이다.

자기 주도 학습에서 자기 구조화 학습으로

'문명과 떨어져 있는 시골 마을의 아이들에게 컴퓨터를 선물해 주면 어떻게 될까?'라는 질문에서 세계적인 교육학자 수가타 미트라의 연구는 출발했다. 그는 마을 어딘가에 '벽 속의 구멍Hole in the wall'을 뚫고 거기에 컴퓨터를 설치해 아이들이 컴퓨터를 익히고 활용하는 과정을 관찰했다. 수개월 뒤 그가 본 것은 실로 놀라운 광경이었다. 아이들은 서로 의논해가며 컴퓨터 게임을 즐기고 있었다. 아무도 컴퓨터 안에 게임이 있다는 것을 가르쳐 주지 않았는데도 말이다. 영어도 모르는 인도 시골 마을의 아이들이 스스로 컴퓨터 조작법을 익히고 매뉴얼까지 읽을 수 있게 된 것이다.

(출처 : http://blogs.worldbank.org/edutech/searching-for-indias-hole-in-the-wall)

아이들의 학습능력에 놀란 수가타 미트라는 게임이 아닌 생물학 전공 서적을 컴퓨터 안에 입력하고 아이들이 어떻게 학습하는지 관찰해보기로 했다. 아이들이 영어를 모르기 때문에 컴퓨터 속의 내용들을 학습하는 것은 불가능한 일이라 예상했다. 다시 몇 개월이 지나 마을로 돌아왔을 때, 아이들은 '뉴런'이라는 생물학 개념에 대해 얘기하고 있었다.

그의 실험은 여기서 그치지 않았다. 아이들 스스로 생물학을 계속 공부하기에는 분명 한계가 있었다. 기본적인 개념은 그들 스스로 익혀냈지만 테스트를 했을 때 아이들의 성적은 좋지 않았다. 그래서 이번에는 선생님 역할을 할 사람을 두어 생물학을 공부하는 아이들에게 칭찬을 해주거나, 질문을 던져주도록 했다. 시간이 지난 뒤 다시 시험을 보았을 때 아이들의 생물학 성적은 60점 이상이었다. 영어를 하지 못하는 평균 10세의 아이들이, 오로지 스스로 공부하는 방법만으로 미국 대학교 저학년 수준의 학습을 해낸 것이었다. 놀라울만한 결과였다.

수가타 미트라는 이런 결과를 TED 강연에서 소개했고, 이는 교육계에 큰 반향을 일으켰다. 그는 이 새로운 학습 모델을 '자기 구조화 학습 환경 SOLE: Self-Organized Learning Environment'이라고 명명했다. 이는 별도의 교육자 없이 학습자들이 서로 의논하고 시행착오를 겪으며 학습을 해나가는 환경을 의미한다. 이어 수가타 미트라는 교육이란 학습이 자연적으로 발생하게 하는 자기 조직화 시스템이라고 정의했다. 그는 선생님의 교육과정을 따라가는 것이 아니라 아이들이 스스로 배우고 가르칠 수 있도록 환경을 조성하는 것이 미래 교육의 새로운 모델이 될 것이라 주장했다.

이는 반두라의 사회 학습 이론과 일맥상통한다고 말할 수 있다. 반두라는 학습의 대부분이 학습자의 직접 경험보다는 타인의 행동과 그 행동의 결과를 관찰함으로써 이루어진다고 말했다. 사회 학습은 타인의 행동을 모방하는 학습이다. 타인의 행동을 모방한다는 것은 모델의 행동을 그대로 받아들인다는 것이 아니라 학습자의 행동을 결정하기 위한 정보로 활용한다는 뜻이다. 즉 인간은 서로 보고 관찰하는 것으로 많은 것을 학습한다는 것을 의미한다. 이 이론에 의하면 교실에서 선생님이 학생들에게 직접 가르치기보다는 질문을 던지고 아이들끼리 스스로 학습하게 만드는 것이 훨씬 더 효과적인 학습 방법일 것이다.

자기 주도 학습	자기 구조화 학습
학습 지향	목표 지향
교수자 필요 없음	퍼실리테이터 필요(칭찬 및 질문)
자기학습	자기학습 + 테크놀러지 + 협력학습

그렇다면 우리가 익히 알고 있는 자기 주도 학습과 자기 구조화 학습의 차이는 무엇일까?

앞의 표와 같이 자기 주도 학습과 자기 구조화 학습은 학생 스스로 학습을 해나간다는 공통점이 있다. 하지만 자기 주도 학습이 학습 그 자체를 중심으로 진행된다면, 자기 구조화 학습은 목표를 지향한다는 데 그 차이가 있다. 또한 자기 구조화 학습의 경우 칭찬 및 질문을 던져줄 퍼실리테이터(학습 촉진자)가 필요하다는 점에 있어서도 차이를 보인다. 자기 구조화 학습은 자기 주도 학습과는 달리 테크놀로지를 활용하고 동료 학생과 함께 협력 학습을 해나간다는 부분이 가장 큰 특징이다.

자기 구조화 학습은 다음과 같은 단계를 거치며 진행된다. 우선 질문의 단계이다. 하나 이상의 주제가 연결된 열린 질문으로 학습자의 상상력과 호기심을 자극하면서 학습이 시작된다. 이를 통해 학습자는 학습에 대한 자극과 깊은 탐구에 대한 촉진을 받게 된다. 자기 구조화 학습에서 이 질문의 단계는 매우 중요하다. 어떤 질문을 던지느냐에 따라 전체 학습의 효과가 극명하게 달라지기 때문이다. 두 번째로는 질문에 대해 탐구하는 단계를 거치게 된다. 학습자 그룹을 구성한 후 다양한 학습을 통해 스스로 배우는 단계이다. 여기서 퍼실리테이터는 적절한 질문과 함께 칭찬을 곁들이며 학습자를 격려하고 학습을 촉진시킨다. 마지막으로 검토 단계를 거치게 되는데 학습자들이 서로 이해한 학습내용과 과정을 정리하고 공유하면서 마무리된다.

자기 구조화 학습은 에듀테크와 결합되어 더욱 힘을 발휘할 수 있다. 에듀테크의 다양한 학습 방법을 통해 학습자는 그 내용을 공부하고 SNS나 앱을 통해 협력 학습을 진행할 수 있기 때문이다. 이러한 자기 구조화 학습은 스스로 교육과정을 만들어가고, 창의적 사고와 논리적 능력을 기를 수 있는 새로운 교육 패러다임이 될 것이다. 이로 인해 학습자는 새로운 미래 환경에 적합한 인재로 거듭나는 데 필요한 역량들을 학습할 수 있게 된다.

하고 싶은 일은 자연스럽게 학습으로 이어진다

두 아이가 있다고 가정해보자. 한 명은 아이들에게 꿈과 희망을 안겨줄 수 있는 선생님이 되고 싶어 하고, 다른 한 명은 공부 잘하면 편해진다는 주위 말에 따라 공부를 해왔다. 수년 후 둘은 같은 사범대학교에 입학하게 된다. 겉모습만 보면 동일한 선상에 있다고 할 수 있을 것이다.

둘은 모두 제도권 내에서 원하는 대학에 들어감으로써 경쟁에서 승리하는 방법을 터득했고 최종적으로 이 둘 중에 누가 더 성공할 것인지는 아직 알 수 없다. 하지만 최소 대학 4년이라는 매우 소중한 시간을 보내는 방식에는 분명한 차이가 존재할 것이다. 가장 큰 차이는 자기가 원하는 것을 달성해 나가는 과정의 행복에 관한 것이다. 첫 번째 아이는 수업에 충실하고 선생님이란 직업에 도움이 될 수 있는 다양한 경험들을 하며 열정적인 대학 생활을 보낼 것이다. 이 아이에게는 대학 생활 자체가 도전과 즐거움의 연속이겠지만, 두 번째 아이는 어릴 적부터 꿈꿔왔던 좋은 대학이란 목표를 이미 달성했기 때문에 수업 시간이 새로운 목표를 찾는 방황의 시간이 될 수 있다.

두 아이의 사례에서 볼 수 있듯 좋아하는 일을 하거나 좋아하는 일을 하기 위한 꿈의 과정에 있으면 배움은 자연스럽게 즐거워진다. 삶과 학습을 결합시키는 가장 좋은 방법은 바로 하고 싶은 일을 하는 것이다. 꿈꾸던 삶을 영위하기 위해 자연스럽게 배움을 즐기게 되고 나아가 스스로 찾아서 공부를 하게 되는 것이다.

강헌구의 『가슴 뛰는 삶』이라는 책 속에 이런 이야기가 나온다. 미국 시카고 대학의 벤자민 블룸 교수는 스포츠 스타, 예술가, 저명한 학자 등 다양한 분야에서 두각을 나타내는 120명의 리더들을 조사해 그들이 눈부신 성공을 거둘 수 있었던 원인을 알아보았다. 그의 결론은 다음과 같았다.

"성공에 영향을 미치는 결정적 변수는, 선천적인 재능이나 후천적인 양육 환경이 아니다. 그것은 오직 스스로의 가치관에 따라 선택한 일, 즉 '하고 싶은 일을 했느냐'에 달려 있다."

이와 비슷한 조사 결과가 하나 더 있다. 아이비리그 대학 졸업생 1,500명을 대상으로 사회에 첫발을 내디딜 때 직업이나 직장 선택의 기준이 무엇이었냐고 물어보았다. 응답자의 83%인 1,245명이 '봉급 많고 승진 빠른 직장'이라고 대답했고, 17%인 255명만이 '하고 싶은 일', 즉 '자신이 좋아하는 일'을 선택했다고 대답했다. 그로부터 20년이 지난 후 확인해보니 전체 1,500명 중 101명의 백만장자가 나왔는데, 놀랍게도 101명 중 1명을 제외한 모두가 '자신이 하고 싶은 일'을 선택한 17%에 속한 사람들이었다.

삶과 학습 또는 일과 학습을 결합하기 위해서 우리는 우리가 좋아하는 일을 찾고, 도전하고, 준비할 필요가 있다. 이를 통해 일 – 학습 – 성장 – 성과로 이어지는 선순환의 연결 고리를 지속적으로 만들어낼 수 있을 것이다.

시도하고 또 시도하라

실패에 대한 두려움은 실천에 장애물이 된다. 삶이 곧 학습이 되기 위해서는 다양한 도전을 두려워해서는 안 된다. '시도하지 않는 것보다 더한 실패는 없다'는 말처럼 실천하고 시도해 보지 않으면 성장이라는 열매는 우리 손 안에 떨어지지 않을 것이다.

오래 전 남아메리카 원주민들이 여러 세대에 걸쳐 이름 모를 질병으로 급사하는 일이 있었다. 과학자들이 그 원인을 조사한 결과 질병의 원인이 어도비 벽돌(점토를 햇볕에 말려서 벽돌같이 만든 것)로 만든 집 벽에 서식하는 벌레에 있다는 사실을 밝혀냈다. 원인을 알아낸 원주민들에게는 몇 가지 해결 방안이 제시되었다. 살충제로 그 벌레를 죽이거나 기존의 집을 허물고 새로 짓거나 벌레가 없는 새로운 지역으로 이사를 가거나 아니면 예전처럼 아무것도 하지 않거나.

원주민들은 서로 머리를 맞대었다. 살충제는 냄새 때문에 잠을 잘 수 없어 안되고, 기존 집을 허물기에는 그 동안의 노고가 너무 아깝다, 여기는 전통이 있는 곳이라 다른 지역으로는 이사할 수 없다 등 서로 의견을 나눈 결과 그들은 '아무것도 하지 않는 방법'을 선택했다. 그것이 가장 손쉽고 특별한 노력이 필요없기 때문이었다.

원인을 발견하고도 아무런 변화가 없었던 남아메리카의 원주민. 그들은 어떻게 해야 하는지 알고 있었지만 아무런 실천도 하지 않았기에 때문에 계속 벌레에 물려 급사하는 위험을 감수하며 살아야만 했다.

남아메리카 원주민의 사례는 배움에 있어 시사하는 점이 크다. 바로 '실천'의 의의이다. 배움에 있어서 실천이라는 단어는 매우 큰 의미를 가진다. 시도하고 실천해보지 않으면 그 어떤 배움도 얻을 수 없고 배운 내용을 실천하지 않는다면 그 지식은 무용지물에 불과하기 때문이다. 더 과감하게 시도하고 실천하면서 배워나가는 것이 에듀테크 시대를 살아가는 우리의 학습 태도가 되어야 할 것이다.

실패를 배움으로 여겨라

시도하고 배우는 데 있어 가장 큰 장애물이 바로 실패이다. 실패가 두려워 실천하지 못하는 경우를 우리는 흔히 볼 수 있다. 따라서 우리는 실패에 대처하는 자세, 즉 실패를 극복하는 방법을 배워야 할 필요가 있다.

지속적으로 성공을 하는 것이 가장 좋겠지만, 우리는 신이 아니기에 크고 작은 실패를 경험할 수밖에 없다. 삶은 단거리 경주가 아닌 장거리 경주와 같아서 빨리 가는 것만이 중요한 것이 아니다. 타고 있던 자동차나 자전거가 멈춰 섰을 때 어떻게 고치고 다시 전진할 지도 반드시 알아야 한다. 실패를 현명하게 극복하는 방법은 우리에게 꼭 필요한 것이다.

인류 역사상 가장 뛰어한 사상가들 대부분이 심한 고난을 이겨내면서 위대한 사상을 탄생시켰다. 사마천은 고자가 되는 형을 당한 후『사기』를 썼고, 존 번연은 감옥에서『천로역정』을 저술했다. 반신불수이면서 늘 중풍의 위협 속에서 살아야 했던 파스퇴르는 끊임없이 질병의 멸절을 위해 연구하였으며, 절대 빈곤과 수많은 실패 속에서 링컨이 탄생했다. 한 연구에 의하면 프랭클린 루스벨트, 아인슈타인, 헬렌 켈러 등 300명의 성공한 인물 가운데 4분의 1이 시각 장애, 청각 장애, 소아마비 등의 신체적 장애를 갖고 있었다고 한다. 나머지 4분의 3 중에도 가난과 깨진 가정, 불우한 환경 속에서 성장한 사람들이 많았다.

실패를 극복하기 위해서는 실패를 학습의 일종으로 보는 자세가 필요하다. 본디 사람은 승리보다는 실패에서 훨씬 많은 것을 배운다. 한 번 어떤 일에 실패하면 그 이유를 생각해보고, 이리저리 분석하고, 다시 조직하고, 새로운 전략을 세우게 된다. 물론 포기하지 않았다는 가정 하에 말이다.

에디슨의 이야기를 간략히 소개하자면 하루는 한 신사가 이 위대한 발명가에게 물었다고 한다. "전구를 만들려고 그렇게 애썼건만 계속 실패만 거듭했을 때 심경이 어떠셨소?" 하지만 에디슨은 실패한 것이 아니라 오히려 전구를 만들지 못하는 수천 가지 방법을 잇달아 발견한 것이라고 느긋하게 대답했다고 한다. 실패를 바라보는 이런 건강한 태도가 에디슨을 누구도 필적할 수 없는 위대한 발명왕으로 만든 것이 아닐까?

이렇듯 실패는 성공을 향한 학습의 역할을 하게 된다. 훌륭한 실패는 성공을 향한 원동력이 될 수 있다. 무엇이든 크게 배울 수 있었다면 그것을 실패로 바라보지 말고 성공을 향한 하나의 학습으로 바라보는 것이 바람직한 자세인 것이다.

둘째로 실패를 일시적인 것으로 보는 것이 중요하다. 실패를 극복하는 또 하나의 방법은 그것을 일시적인 것으로 바라 보는 것이다. 이러한 시각을 갖기 위해 우선 '실패'와 '일시적인 패배'라는 용어를 구분해야 한다. 우리가 '실패'라고 알고 있는 것들은 사실 '일시적인 패배'에 지나지 않는다. 일시적인 패배는 우리에게 긍정적인 역할을 하기도 한다. 그것을 통해 각성하고 바람직한 방향으로 노력을 전환할 수 있기 때문이다.

먼 옛날 페르시아 왕국의 한 왕이 부하들에게 '기쁜 사람들을 절망에 빠지게 할 수 있고, 절망에 빠진 사람을 기쁘게 할 수 있는 것'을 찾아오라고 시켰다. 한 부하가 몇 십 년 동안 이를 찾다가 결국 어떤 글귀가 새겨진 반지를 왕에게 가져갔다고 한다. 반지에 써 있는 글귀는 '이 또한 지나가리라'라는 말이었다. 우리가 실패를 받아들일 때 '이 또한 지나가리라'라는 말을 상기한다면 실패를 극복하는 데 도움이 될 것이다. 실수는 진정한 실수가 아니며, 실패도 영원한 실패가 아니라는 점을 기억해야 한다.

마지막으로 실패를 접근 방법을 바꿀 기회로 보는 것이 중요하다. 실패를 자신에 대한 문제, 즉 자신의 결점으로 받아들이기보다 접근 방법을 바꿀 기회로 보아야 한다는 의미이다. 계속되는 실패는 기존의 방식을 고집하지 말고 새로운 방법을 시도해 보라는 메시지일 수 있다.

앨런 액셀로드의 [위대한 결정]에서 나온 사례를 살펴보자. 1950년 어느 날 저녁, 미국 뉴욕의 한 고급 레스토랑에서 있었던 일이다. 시카고의 사업가 프랜시스 자비에르 맥나마라는 고객들을 초대해 멋진 식사를 한 후, 돈을 지불하려는 순간 지갑을 잊고 온 사실을 깨달았다. 고객들 앞에서 망신을 당한 그는 이 같은 황당한 일을 앞으로는 결코 당하지 않겠다는 결심을 했고, 이듬해 친구인 변호사 랠프 슈나이더와 함께 세계 최초의 신용 카드인 다이너스 카드Diners Card를 만들었다.

다이너스라는 이름은 맥나마라가 '저녁을 먹다dine'가 당한 곤경에서 유래했다. 이것이 '먹고 마시고 쇼핑하고 여행까지 할 수 있는 다목적 플라스틱 머니'의 원조가 되었다. 처음엔 200여 명의 고객에게 카드를 발급, 뉴욕 소재 27개 레스토랑의 식비 지불용으로만 사용했다가 곧 여행 경비까지 지불할 수 있도록 용도가 확대되었다. 맥나마라는 이 사업으로 인해 큰 성공을 거두었고, 이 플라스틱 머니는 지금의 신용 카드 사업의 출발점이 되었다.

만약 맥나마라가 자신이 망신을 당했다는 사실에만 연연했다면, 이와 같은 성공은 결코 그에게 찾아오지 않았을 것이다. 그러나 그는 자신의 경험을 실수나 실패로 치부해버리지 않고 다른 접근 방법으로 생각해볼 기회로 삼았고, 이것이 엄청난 사업 아이템이 되었던 것이다.

우리는 앞에서 에듀테크 시대에 어떻게 가르치고 배워야 하는지에 대해 살펴보았다. 이를 요약하면 다음과 같다.

가르치는 부분에 있어서는 '디지털'이라는 요소가 중요하다. 가르치는 이는 디지털에 익숙해질 필요가 있고 디지털과 익숙한 학습자를 위해 짧게 나누어 가르치는 것과 빠르고 민첩하게 개발하는 것이 필요할 것이다. 또한 그 동안 디지털 요소가 없어서 불가능했던 다양한 인포멀 러닝의 설계까지 더한다면 에듀테크 시대에 맞는 교육자가 될 수 있을 것이다.

배우는 부분은 에듀테크의 세 가지 큰 교육 패러다임을 중심으로 기억하면 된다. 세 가지 패러다임이란 앞에서 설명했듯 교육이 '대중화'되고, 교육의 효과성이 '극대화'되며, '학습과 일상'이 결합되는 것을 뜻한다.

교육이 대중화되는 관점에서 다양한 배움의 채널을 열고, 교육의 경계를 두지 말아야 하며, 누구에게든 배울 수 있다는 마음가짐을 가져야 한다. 또한 한 가지 전공이 아닌 다양한 전문성을 개발해나가야 할 것이다.

교육 효과성이 증대되는 에듀테크 시대에서는 자기 주도 학습에서 자기 구조화 학습이라는 관점에서 학습을 생각해나갈 필요가 있으며, 폐기 학습 또한 고려해 봐야 한다.

또한 고학력을 중시하는 '간판의 시대'가 아닌 '능력의 시대'를 준비해 '간판'을 얻으려는 학습이 아닌 실질적 능력을 향상시킬 수 있는 배움을 해나가는 것을 추천하고 싶다.

마지막으로, 일상과 학습의 결합이라는 관점에서 좋아하는 일이 곧 학습이 되게 하고, 지속적으로 시도하고, 실패를 받아들일 수 있는 배움의 자세가 필요할 것이다.

우리는 앞에서 에듀테크 시대에 어떻게 가르치고 배워야 하는지에 대해 살펴보았다. 필자는 에듀테크 분야를 연구하고 관련 리포트를 정리하면서 교육에 있어서도 거대한 변화의 물결이 밀려오는 것을 느꼈다. 4차 산업 혁명처럼 에듀테크 역시 우리가 그동안 경험하지 못했던 거대한 교육 혁명의 물결이 다가오고 있다. 이런 변화를 기회로 삼고 적극적으로 대응하고 활용해야 한다. 즉, 우리 교육을 더욱더 효과적으로 만들기 위해 에듀테크를 사용해야 하는 것이다. 또한, 우리 아이들을 훌륭하게 성장시키기 위해 에듀테크를 적극적으로 활용해야 한다. 더 나아가 교육강국/ICT강국이라는 우리의 장점을 살려 세계적인 에듀테크 서비스를 만들어 글로벌 시장에 진출해야 한다. 이렇게 우리가 에듀테크를 주도적으로 활용할 때 에듀테크는 우리에게 커다란 기회로 다가올 것이다.

에듀테크,
교육 난제에 도전하다

테슬라의 CEO 엘론 머스크가 설립한 재단 스페이스X는 '화성에 자급자족 도시를 건설하겠다'며 인류가 그동안 해결하지 못한 과제를 비전으로 삼고 있다. 우버의 경우에는 '어디에서나 모든 사람들을 위해 존재하는 교통수단'의 꿈을 기업의 맨앞에 놓고 있다.

최근 기업들은 국가나 국가연합만이 할 수 있었던 거창한 인류의 난제를 비전으로 삼고 이를 해결하기 위한 노력을 실천해나가고 있다. 『기하급수 시대가 온다』에서는 이러한 최근 선도 기업의 목표를 MTP Massive Transformational Purpose 라 지칭하며 혁명적 시대의 기하급수 성장을 위해 꼭 필요한 요소라 말하고 있다. 그동안 인류가 해결하지 못한 문제들을 기업이 해결해나가는 시대가 온 것이다.

에듀테크 기업 또한 MTP를 설정하고 있다. 세계 최고의 어학 에듀테크 기업인 듀오링고는 '어학학습을 무료로 영원히'라는 비전을, 노르웨이의 대표적 에듀테크 기업 카훗은 '교육을 놀랍게 만들자'라는 비전을 공표하고 있다.

4차 산업혁명을 이끄는 선도 기업이 인류의 난제를 해결하려는 꿈을 향해 나아가고 있다면, 에듀테크 기업은 인류의 난제 중 교육 영역의 문제를 해결하기 위해 한 걸음씩 나아가고 있는 것이다.

에듀테크 기업들은 어떤 교육적 난제에 도전하고 있는 것일까? 수많은 문제 가운데 중심이 되는 3가지를 꼽아 이야기해보고자 한다.

첫째, 2시그마의 문제이다.

2시그마란 교육심리학 분야 석학인 벤자민 블룸이 제시한 문제로, 강의식 교육을 받은 학생과 1:1 튜터링 학습을 받은 학생의 학업성취도 차이에 관한 내용이다. 블룸은 연구를 통해 1:1 튜터링 학습을 받은 학생들의 평균이 강의식 교육을 받은 학생의 상위 2%와 동일하다는 결론을 도출했다(두 수업 방식의 차이가 표준편차의 2배가 되므로 2시그마로 명명하였다).

즉 50명으로 이루어진 두 그룹을 대상으로 1:1 튜터링 학습과 강의식 교육을 각각 동시에 진행할 경우, 1:1 튜터링 교육을 받은 학생들의 평균점수와 강의식 교육을 받은 상위 1명의 점수가 동일한 것이다. 상위 2% 학생을 길러내기 위해서는 1:1 튜터링 학습이 50배 더 효과적이라는 사실을 알 수 있다.

에듀테크가 해결하고자 하는 난제가 바로 이러한 강의식 학습의 한계이다. 강의식 수업은 분명 효율적이지만 1:1 맞춤형 학습에 비해 교육 효과가 현저히 낮다.

기술적 한계가 있었을 당시에는 이런 측면을 인지하고 있으면서도 마땅한 대안이 없어 기존의 강의식 수업의 효과를 높이는 방향으로 연구를 진행할 수밖에 없었다. 강의식 수업을 전제로 다양한 교수기법들을 발전시켜 교육을 효과적으로 바꾸려 했던 것이다.

그렇다면 1:1 맞춤형 학습은 불가능한 것일까? 선택받은 소수를 위한 교육 방법에 그쳐야 하는 것인가?

에듀테크 기업들은 이런 질문에서 착안해 2시그마의 문제에 도전하고 있다. 기술로 빅데이터와 알고리즘에 기반을 둔 인공지능 기술을 통해 더 많은 사람이 맞춤형 커리큘럼과 맞춤형 1:1 코칭, 맞춤형 학습관리의 혜택을 받을 수 있도록 노력하고 있는 것이다. 아직은 걸음마 수준에 불과하지만 인공지능 기술과 데이터 과학의 비약적 발전은 교육의 난제라 불리는 2시그마의 문제를 해결해나갈 것으로 예측된다.

둘째, 인포멀 러닝의 문제이다.

학습의 80% 이상이 인포멀 러닝을 통해 이루어지지만 교육계는 포멀 러닝에만 집중해왔다. 인포멀 환경에서 교육자들이 수업을 진행하는 것에는 한계가 있었음은 자명하다. 교실을 벗어난 환경에서 학생을 가르치고 관리하는 것은 디지털 기술의 발전 이전에는 불가능에 가까웠기 때문이다. 학습자는 가정교육이나 자율학습에 의존하여 인포멀 학습을 진행할 수밖에 없는 실정이었다.

SNS와 모바일 및 실시간 정보통신 기술의 발달은 인포멀 러닝의 한계를 해결해줄 실마리를 제공한다. 모바일 환경의 발달로 교사와 학생은 언제 어디서든 실시간으로 소통할 수 있게 된 것이다.

또한 교실 내의 수업만으로는 급속도로 증가하는 ("인류문명이 시작했을 때부터 2003년까지 창출한 정보의 총량이 이제는 2일마다 창출되고 있다. 2020년에는 이러한 양이 2시간 마다 창출될 것이다." - 에릭 슈미트-)지식의 양을 따라갈 수 없다는 한계점도 존재한다. 이런 이유로 교육자들은 새로운 지식을 전달할 수 없는 한계에 이르렀다.

인포멀 러닝의 문제를 해결하기 위해 에듀테크 기업들은 두 가지 방향으로 움직이고 있다.

첫째로 교실 내의 교사와 동료에게만 배우는 것이 아닌 디지털 연결을 통해 전 세계의 사람들과 상호 학습할 수 있는 환경을 구축한다. 즉, 외부 지식과의 연결을 통해 더 많은 학습을 진행할 수 있도록 돕는 것이다. 누구나 교육을 만들고 소비할 수 있는 유데미 플랫폼이 이에 해당된다.

두 번째로 교실 밖에서도 교사 혹은 동료와 학습할 수 있도록 디지털 환경을 구축한다. 소셜 클래스의 개념과 마찬가지로 외부의 다양한 학습을 디지털 환경을 통해 지원받을 수 있도록 하는 것이다. 대표적인 플랫폼으로 에드모도를 들 수 있다. 얼핏 보면 페이스북과 유사한 사이트는 동일한 수업을 참여하는 학생과 교사가 모여, 주요 사항을 공지하고 과제를 할당 혹은 평가하고 일정을 잡는 등 다양한 기능을 수행할 수 있다. 6천만 명 이상의 학생들이 이 서비스를 이용할 정도로 인기가 높다.

셋째, 학습 몰입의 문제이다.

학습하고 성장하기 위해서는 반드시 몰입이 전제되어야 한다. 몰입해야 학습이 되고, 학습이 되어야 성장할 수 있기 때문이다.

학습에 몰입시킬 수 있다면 이미 절반의 성공을 이룬 것이나 다름없다. 몰입한 학습자에게 학습은 재미로 다가오기 때문이다. 이러한 이유로 교육학에서는 학습 몰입에 대한 연구가 지속적으로 이루어져 왔다. 학습 전에 흥미를 유발하는 방법, 학습 진행 중 몰입을 높이는 요소, 몰입을 유도하는 교수법 등 교육 전반의 과정에 학습 몰입이라는 주제는 중요한 이슈로 존재했다.

ArcheMedX가 발표한 3,214명의 학습자에 대한 연구결과는 학습 몰입의 중요성을 다시금 상기시켜준다. 몰입 정도를 4분위로 나누었을 때 최상위 몰입 그룹의 학습 성취도는 평균대비 224%, 3분위의 몰입도를 보인 그룹은 173%, 2분위 그룹은 평균보다 낮은 80%의 학습 성취도를 보였다. 학습 몰입도 최상위 그룹은 평균보다 2배 이상의 학습효과를 보인 것이다.

에듀테크는 기술을 이용해 학습 몰입을 극대화하는 방향으로 나아가고 있다. 특히 새롭거나 재미를 더한 기술을 활용하는 경우가 많은데, VR과 게임 기술이 대표적이라 할 수 있다.

VR 기술은 학습환경의 현실감을 극대화시켜 몰입도를 높이는 방식으로 활용되고 있다. 게임의 경우 디지털 게임이나 다양한 게이미피케이션을 통해 학습에 대한 학습자의 흥미를 상승시키는 방향으로 개발이 이루어진다.

에듀테크는 위의 3가지 난제 외에도 교육과 관련된 수많은 문제들을 기술과 교육의 결합을 통해 해결해나가려 하고 있다.

에듀테크의 발전으로 교육의 모든 난제가 해결되면 교육이 사라질 것인가? 결론부터 얘기하자면 그렇지 않다.

기술은 교육을 대체하지 못한다. 교육과 학습은 인류가 존재하는 한 언제나 공존할 것이며 에듀테크는 이를 도울 강력한 무기가 될 것이다. 기술이 교육을 대체하지는 못하지만 기술을 아는 교육자가 그렇지 못한 교육자를 대체해나갈 것은 자명하다.

역사적으로 기술을 빨리 받아들이는 국가가 그렇지 못한 국가를 멸망시켜 왔다는 점을 기억할 필요가 있다. 청동기를 사용하는 국가들이 석기를 사용하는 국가를 멸망시켰고, 철기가 들어오자 청동기를 사용하는 국가들은 철기 국가들에 무릎을 꿇었다.

교육도 마찬가지이다. 평생을 배우고 가르쳐야 하는 평생교육 시대에 살고 있는 만큼 교육과 관련된 기술의 변화에 민감해질 필요가 있다. 교육의 좋은 무기인 에듀테크를 먼저 사용하고 활용한다면 성장과 발전에 큰 도움이 될 것이다. 그리고 교육자라면 에듀테크를 통해 보다 훌륭한 교육자로 성장할 수 있을 것이다.

에듀테크는 아직 시작 단계에 있지만 큰 변화를 앞두고 있는 것은 확실하다. 이러한 변화의 물결이 새로운 교육 혁명을 일으킬 것을 기대해본다.